LE GRAND LIVRE DES JAGUAR

LE GRAND LIVRE DES JAGUAR

EDITIONS ATLAS

Édité par :
France – ÉDITIONS ATLAS
89, rue La Boétie, 75008 Paris.

Belgique – ÉDITIONS ATLEN s.a.
avenue Georges-Rodenbach, 4
1030 Bruxelles.

Cet ouvrage est une édition partielle
de l'encyclopédie « Voitures d'exception ».

Avec l'aimable participation de Roland Urban.

Dépôt légal: août 1996.
Imprimé en CEE, 1996.
ISBN: 2-7312-1992-0

« GRACE, SPACE, PACE »*

1935 – William Lyons, fondateur et président de la « SS Cars Company » réunit ses collaborateurs pour une séance de travail inhabituelle. En effet, un nouveau modèle est en gestation, mû par un moteur culbuté « maison » en remplacement du triste moteur « standard » à soupapes latérales dont les jours sont comptés.
En fait, le but de la réunion n'est pas de travailler sur le prototype, mais de lui trouver un nom commercial qui le mette en valeur et, bien sûr, le fasse vendre.
Les noms et les motifs représentant des animaux sont à la mode et chaque collaborateur de proposer le sien : de la grenouille à l'éléphant, toute la gente animale est passée en revue. Hélas, soit la concurrence est déjà passée avant, soit l'animal ne correspond pas à l'image de marque que veut donner William Lyons.

* « Grâce, espace, allure » : la devise de la firme Jaguar.

Un jeune styliste s'est amusé à découper dans une revue une silhouette de Jaguar lancé à pleine vitesse. Il l'applique sur le calque du prototype : l'effet est étonnant, les proportions sont les mêmes, l'impression de puissance est égale. William Lyons jette un regard et déclare : « Ma nouvelle voiture s'appellera SS Jaguar ».

Une légende vient de naître. Soixante années ont passé. Jaguar est devenue une marque connue dans le monde entier et qui a fait rêver des générations de conducteurs.

Des frasques de Françoise Sagan aux cortèges officiels de la reine d'Angleterre, du maharaja de Jaïpur à Garry Cooper, de Boris Vian à l'empereur Bokassa, du conducteur anonyme au collectionneur passionné, personne n'est resté indifférent à la marque au jaguar bondissant.

D'un style à l'autre, d'une mode à l'autre, l'œil du fauve est toujours aussi vif, le poil aussi brillant et les dents aussi acérées.

Dans un monde en pleine mutation, rempli d'ordinateurs et d'électronique, la marque Jaguar a su s'adapter aux contraintes de la vie moderne sans perdre son âme ni son identité et l'on peut toujours, en 1996, faire sienne la devise des années 50 : « Grace, space, pace ».

Marque polyvalente, Jaguar a comblé ses amateurs tant sur la piste que sur la route, les victoires aux 24 Heures du Mans lui ayant donné ses lettres de noblesse.

Que ce soit dans la tourmente de la dernière guerre mondiale et les restrictions qui s'en suivirent, les différents chocs pétroliers ou les aléas de l'économie mondiale, Sir William Lyons a toujours su prendre la mesure de l'événement pour en tirer une nouvelle énergie créative au profit de sa clientèle.

Touché au plus profond de lui-même par la disparition de son fils John sur une route française alors qu'il se rendait au Mans en 1955, attaqué la même année à la suite du terrible accident aux 24 Heures du Mans qui coûtât la vie à une centaine de personnes – certains mirent en cause Mike Hawthorn et sa type D –, affaibli par l'incendie de l'usine en février

1957, déstabilisé par la prise de contrôle de l'usine par la British Motors, il aura été, jusqu'à la fin, au service d'une passion – l'automobile – et d'une marque – Jaguar.

Au-delà des passions du moment, des certitudes qui s'écroulent et des coups de dé qui réussissent, le vrai bonheur pour un homme comme William Lyons est d'avoir pu côtoyer de son vivant la foule immense des utilisateurs satisfaits et la multitude de clubs d'amoureux de la marque à travers le monde, lui prouvant – s'il le fallait – que sa vie de travail lui succédera et que la gratitude de ceux qu'il a rendu heureux reste peut-être le plus beau des remerciements.

Sir William Lyons et ses Jaguar sont entrés dans le dictionnaire et le langage courant : ne parle-t-on pas de « jaguarisme » et le propriétaire d'une Jaguar ne s'appelle-t-il pas lui-même un jaguariste ?

Créée par la volonté d'un homme, William Lyons, grand patron au pouvoir absolu, chef d'entreprise visionnaire, Jaguar est entrée dans la légende au détriment de son fondateur. Mais qu'importe si son nom n'est pas dans toutes les bouches. Son œuvre, elle, continue et continuera de nombreuses décennies encore, afin que tous ceux qui ont dit un jour « Quand je serai grand, je serai jaguariste », puissent réaliser leur rêve et connaître le plaisir de rouler en… Jaguar.

Fait unique dans les annales de l'histoire automobile, tous les modèles créés par Williams Lyons sont collectables et sont en collection, de la standard Swallow à la Type E et de la Berline SS 2.5 à l'XJ 6 série T. Le prochain quart de siècle verra sûrement dans les musées et les collections privées la prochaine XK 8, car Ford, en rachetant la marque Jaguar, a osé lui laisser son âme, le cuir et le bois, le luxe, la puissance et la ligne. En un mot, Williams Lyons aurait pu créer cette voiture. Rendons hommage aux dirigeants de Ford de nous permettre d'être encore de vrais jaguaristes.

Roland Urban

SOMMAIRE

XK 120

XK SS

DUNLOP

Ce badge était apposé sur les Jaguar XK 150 de la fin des années cinquante. Il commémorait les cinq victoires au Mans en sept ans.

Jaguar

L'EMPREINTE DE SIR LYONS

En 1956, Jaguar était devenu l'un des joyaux du Royaume-Uni et son créateur, William Lyons, fut intronisé par la Reine. Déjà créateur de voitures d'anthologie, il mit un point d'orgue à son œuvre en lançant, cinq ans plus tard, la Type E.

Comme Ettore Bugatti, William Lyons est un enfant d'artiste. Pas un sculpteur, un peintre ou un ébéniste, mais un musicien. Au soir d'un concert donné à Blackpool, William Lyons, irlandais de naissance, rencontre Minnie et abandonne pour toujours son orchestre. Il s'installe dans cette ville et ouvre un magasin d'instruments de musique. William et Minnie ont deux fils, dont le cadet, né en 1901, porte le même prénom que son père. A l'école, il se distingue plus par ses exploits sportifs et son attirance pour les motos que par ses résultats scolaires. A 17 ans, avec un équivalent du baccalauréat en poche, il part à Manchester. Dans la journée, il est apprenti chez un artisan automobile, Crossley Motors, et le soir, il suit les cours d'ingénieur du Manchester Technical College. Mais le jeune William aspire à plus de liberté. Il rentre à Blackpool, vend des pianos avec son père et surtout se met à bricoler pour son propre compte.

Les choses ne se passent pas trop mal puisqu'à 21 ans, il crée une société avec un jeune voisin, William Walmsley, et avec la caution financière des deux pères. L'activité tourne bien sûr autour de la mécanique : il s'agit de la fabrication de side-cars au design très original pour l'époque. La Swallow Sidecar Company est née et les affaires marchent plutôt bien. Au point qu'elle grandit et élargit même ses activités à l'automobile en 1926. La Swallow Sidecar and Coachbuilding Company se lance dans ce qu'on appellerait aujourd'hui le « tuning ». Autrement dit, Lyons modifie des voitures de série. Le jour où un client lui demande de redonner vie à une voiture accidentée, Lyons décide de laisser libre cours à son imagination. La petite berline Austin Seven devient un petit roadster deux places. C'est le début d'une mini production.

Sir William Lyons.

Ci-contre : La SS100.

Ci-dessous : L'une des plus célèbres Jaguar de l'ère Lyons, la XK140.

Lyons a toujours voulu des voitures bon marché

Avec sa calandre arrondie et son arrière bulbeux, l'Austin Swallow ne laisse pas indifférente une clientèle qui peut s'offrir une voiture originale et pas trop chère. Lyons élargit son offre avec une berline quatre places, toujours sur la même base d'Austin Seven. Pour satisfaire la demande, Lyons cherche à passer un accord de fourniture de châssis et de moteurs avec Sir Herbert

Ci-dessus : La Type C (C signifie compétition), conçue pour les 24 Heures du Mans, s'imposa dans la Sarthe en 1951 et 1953.

Ci-contre : Mike Hawthorn, vainqueur des 24 Heures du Mans 1955 avec la Type D révolutionnaire.

Austin, mais le patron de la grande marque anglaise n'a pas envie de traiter avec ce jeune artisan. Lyons se tourne alors vers d'autres constructeurs, Morris, Swift, Fiat et Standard. Lyons n'a qu'une idée en tête, et il y restera attaché durant sa longue carrière, produire au meilleur prix. Utiliser des bases mécaniques de grande série, est alors l'une des clés pour concrétiser cette politique.

Grâce à des liens privilégiés avec Sir John Black, le patron de Standard, il obtient des « prix d'amis » pour la fourniture de châssis et de moteurs. Il va les habiller d'une carrosserie très originale : un coupé deux portes, quatre places avec un long capot très personnalisé et un arrière ramassé. « La Swallow Sports (SS) a l'allure d'une voiture de 1 000 livres sterling, dit alors Lyons, mais elle en coûte à peine le tiers. » Une centaine de concessionnaires vendent des SS1 et SS2 au Royaume-Uni et les clients courent en rallyes. La réputation des petites SS commence à dépasser le cadre de la Grande-Bretagne.

En 1935, Walmsley lâche Lyons. Celui-ci réorganise ses activités : une société publique, SS Cars, dirigée par William Lyons, remplace Swallow Coachbuilding Company et une société privée, propriété de Lyons, s'occupe de la division side-cars. La première voiture de la nouvelle marque est une berline quatre portes de 2,5 litres.

Histoire d'un constructeur : **Jaguar**

Bien que William Lyons ait suivi des études d'ingénieur au Manchester Technical College, le design était, chez lui, plus un don qu'une science apprise. Et ce don, il l'exprima autant sur des petites voitures que sur des berlines cossues. Si Lyons conçut quelques limousines remarquables, ce sont surtout ses voitures de sport qui sont entrées dans la légende, comme la SS 100 d'avant-guerre, la XK 120 de 1949 et bien sûr l'incomparable Type E de 1961.

1901 Naissance de William Lyons, à Blackpool, le 4 septembre. Son père tient un magasin d'instruments de musique dans cette ville.

1918 Au terme de ses études secondaires, William devient apprenti chez Crossley Motors et suit les cours du soir du Manchester Technical College.

1921 Avec un voisin, William Walmsley, il conçoit et construit chez celui-ci un side-car. Un an plus tard, avec ce même Walmsley, il fonde la Swallow Sidecar Company. Leurs deux pères ont déposé une caution bancaire de mille livres sterling.

1926 Les deux associés s'installent dans des locaux plus grands, toujours à Blackpool, et construisent leur première voiture, un roadster deux places sur base Austin Seven. Lyons utilise des éléments de grande série pour abaisser les coûts.

1927 Présentation publique de l'Austin Seven Swallow et changement de raison sociale pour affirmer l'existence de la nouvelle activité automobile: Swallow Sidecar and Coachbuilding Company.

1928 L'entreprise déménage à Foleshill, dans la banlieue de Coventry. Présentation de la première Austin Seven Swallow quatre places. L'année suivante, des transformations sont également effectuées sur des Morris, Fiat, Standard et Swift.

1931 Le nouveau changement de nom, Swallow Coachbuilding Company, coïncide avec le lancement des premières Swallow originales, les SS1 et SS2 construites sur des châssis et avec des moteurs de la marque Standard. En 1933, séparation des activités side-car et automobile, cette dernière prenant le nom de SS Cars Ltd. Un réseau de cent concessionnaires vend ces voitures qui ont l'air de coûter beaucoup plus cher qu'elles ne le sont réellement.

La Jaguar la plus représentative du style Lyons d'avant-guerre, la SS 100. Elle était animée par un six cylindres en ligne de 2,5 litres à soupapes en tête, d'une puissance de 125 chevaux. Elle atteignait 164 km/h et passait de 0 à 100 km/h en 10,9 secondes.

1935 Suite au départ de Walmsley, Lyons devient le seul patron de SS Cars. Lancement des premières berlines quatre portes

CI-DESSUS : Le départ des 24 Heures du Mans 1955 vu des stands Jaguar. Quelques heures plus tard, c'était la catastrophe avec l'accident de la Mercedes de Levegh qui fit une centaine de morts dans le public.

L'apparition des monocoques

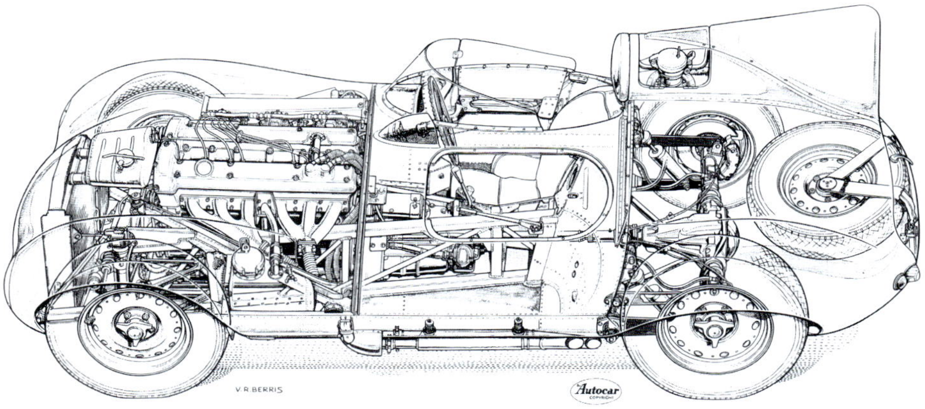

Dans les années cinquante, William Lyons et Jaguar chamboulèrent les principes de construction automobile en vigueur, en abandonnant le châssis traditionnel avec une carrosserie fixée dessus, pour un ensemble monocoque : châssis et carrosserie d'un seul tenant.

La section centrale de la Type D, ci-dessus, est monocoque. Elle est en feuilles d'alliage de magnésium rivetées. Il y a encore des berceaux à l'avant mais l'ensemble a été conçu pour être totalement monocoque.

CI-DESSUS : Les premières XK, comme cette XK 140, étaient caractérisées par une calandre ovale étroite et un pare-brise en deux parties.

EN MÉDAILLON : La XKSS, dérivé routier de la Jaguar D de course sans l'aileron arrière. 16 exemplaires furent produits et 9 furent détruits dans un incendie de l'usine en 1957.

CI-CONTRE : Avec la XK 150, le style de la série XK s'est alourdi mais les performances étaient encore très élevées : 225 km/h pour la 150 S de 265 chevaux.

En la présentant, Lyons a pris soin de ne pas dévoiler son prix. Il laisse les estimations aller bon train. Les spécialistes de l'époque la positionnent dans une fourchette de 600 à 650 livres sterling. Alors, Lyons peut révéler son tarif : la SS Jaguar coûte 385 £. Le style, apparu avec les SS1 et SS2, s'affirme: long capot, lignes harmonieusement arrondies. La patte de William Lyons est unique. La gamme s'étend : berlines, coupés découvrables, roadsters deux places, et les SS100 avec moteur 2,5 et 3,5 litres se bâtissent un joli palmarès sportif. Depuis 1938, les structures en bois ont été abandonnées au profit de l'acier. Les SS100 sont de plus en plus en vogue quand survient la guerre. Coventry est bombardé mais Lyons et ses ingénieurs pensent malgré tout à l'après-guerre, tout en sachant que, pendant un temps, il faudra se contenter de vendre des évolutions des modèles d'avant 1940. Ce sera le cas jusqu'en 1948.

En 1949, la XK 120 est porteuse de tous les espoirs. Elle est belle, originale, moderne, propulsée par un nouveau moteur de 3,4 litres à double arbre à cames en tête et susceptible de plaire en Angleterre et partout ailleurs. Pendant douze ans, la série XK, 120 puis 140 et enfin 150, constitue une lignée de voitures de sport de référence. En 1961, la Type E, leur héritière, est réellement extraordinaire avec son long capot. Pendant toute la décennie cinquante, les Jaguar sont devenues des reines de la compétition. Lyons a toujours personnellement encouragé les initiatives de ses clients et contribué à l'engagement de sa marque, avec un objectif prioritaire, les 24 Heures du Mans. Après un galop d'essai en 1950, la victoire est au rendez-vous en 1951. C'est le premier succès d'une série de cinq : deux pour la C, dérivée de la XK 120 et trois pour la D avec sa carrosserie monocoque.

Apparition d'une lignée de berlines légendaires

Conjointement à sa gamme de coupés et cabriolets XK, William Lyons n'a pas négligé les berlines. Après quelques années où se sont succédé des versions modifiées des modèles de 1938, la première nouveauté d'après-guerre est la Mk VII de 1950, propulsée par le moteur XK. Mais c'est en 1955 qu'apparaît la première mouture d'une autre lignée prestigieuse, la berline compacte et monocoque 2,4 litres. La seconde génération, la Mk II, appartient désormais à la légende, notamment la 3,8 litres dont le palmarès sportif est éloquent.

Jaguar est devenu un constructeur mondialement reconnu et un exportateur de premier plan, vers

---

SS Jaguar avec des moteurs de 1,5 et 2,5 litres et d'une version sportive, la SS 100 2,5.

1937 Première berline SS Jaguar avec une structure en acier plutôt qu'en bois. Nouveau moteur 3,5 litres, versions coupés et sportives.

1948 Lancement de la Jaguar MkV sur la base du modèle précédent mais avec quelques modifications importantes comme la suspension avant indépendante.

1949 La première nouveauté d'après-guerre, la Jaguar XK 120 revendique le titre de la voiture de série sans compresseur la plus rapide du monde après que le pilote-essayeur Ron Sutton eut été officiellement chronométré sur une autoroute belge, sur la distance d'un mile (1,6 km), lancé aller et retour à la moyenne de 213,3 km/h. Le moteur est un 3.4 litres double arbre.

Il s'agit d'une version unique de SS 100 précurseur du style Lyons d'après-guerre. Présenté au Salon de Londres 1938, ce coupé était construit sur les mêmes bases que le roadster deux places. Son long capot et ses deux gros phares proéminents sont des composants caractéristiques du style de Lyons.

1950 Lancement de la berline Mk VII équipée du moteur de la XK 120. A 21 ans, Stirling Moss remporte sa première grande victoire, le Tourist Trophy au volant d'une Jaguar XK 120. Ce même Moss conduit pendant 24 heures non stop sur l'autodrome de Linas-Montlhéry, une XK 120 à la moyenne de 173 km/h.

1951 Installation dans de nouveaux locaux, ceux qui sont toujours utilisés, à Browns Lane, Allesley. Création d'un département compétition qui travaille sur la Type C, évolution de la XK 120. En juin, avec une Type C, Peter Walker et Peter Whitehead emportent la première des cinq victoires Jaguar de la décennie aux 24 Heures du Mans. A partir de cette année, le département compétition va jouer un rôle prépondérant dans le développement des Jaguar de série en testant en course des innovations comme les monocoques et les freins à disques. A cette époque, la compétition a des retombées techniques nombreuses et rapides en série.

Dévoilée au Salon de Londres 1948, la Jaguar XK 120 fit sensation. Les 242 premières voitures avaient une carrosserie en alliage, un moteur double arbre de 3 442 cm³ développant 160 chevaux et atteignaient 193 km/h.

1952 Nouveau reccord pour la XK 120 à Montlhéry. Quatre pilotes se relaient pendant sept jours et sept nuits au volant du nouveau coupé à 160 km/h de moyenne.

l'Europe continentale et les Etats-Unis. Pour le récompenser de ces services rendus à la nation, la reine Elisabeth II anoblit William Lyons en 1956. Cet honneur, pour celui que l'on doit dorénavant appeler Sir William Lyons, ne constitue absolument pas une fin en soi. Ni sa créativité, ni sa détermination ne sont freinées. Bien au contraire. La suite des événements le prouve.

En 1957, l'usine de Browns Lane est ravagée par un incendie. Un tiers des locaux est détruit, et, avec eux, au moins trois cents voitures dont la petite série de l'extraordinaire XKSS, la version routière de la Type D. Chez Jaguar, tout le monde va travailler plus pour compenser ces pertes : la société est prospère, il faut assurer la fabrication des modèles en commande. A tel point qu'il est nécessaire de trouver un site de production supplémentaire. Ce sera l'usine Daimler, marque d'automobiles, mais aussi de bus et d'engins militaires, rachetée par Jaguar en 1960. Daimler deviendra le label de finition très luxueuse des Jaguar. L'expansion continue. Après Daimler, Jaguar poursuit sa diversification avec l'absorption de Guy Motors, fabricant de camions, de Coventry Climax, le célèbre motoriste, et de Henry Meadows, autre fabricant de moteurs. Jaguar est devenu un puissant groupe.

Ci-dessus : Le chef-d'œuvre de William Lyons, la Type E. Elle fut lancée en 1961 avec un 3 781 cm³ double arbre et une vitesse maxi de plus de 240 km/h.

Ci-dessous : La XJ 13 V12 aurait dû défendre les couleurs de Jaguar sur les circuits. Les circonstances économiques et un accident qui détruisit le prototype en décidèrent autrement.

L'industrie automobile anglaise en pleine tourmente

Au milieu des années soixante, l'industrie automobile britannique est en pleine restructuration. La multitude de marques qui foisonnent outre-Manche se regroupe sous quelques pavillons fédérateurs, dont le principal est British Motor Corporation. BMC, c'est Austin, MG, Morris, Princess, Riley, Wolseley. Pour assurer la pérennité de sa marque qui réalisera de grandes économies d'échelle au sein d'une telle structure, Sir William Lyons s'associe à BMC en 1966. Mais, très attaché à l'indépendance industrielle de sa firme, Lyons n'est partenaire qu'au niveau du holding financier, British Motor.

Malheureusement, l'industrie automobile britannique est gravement malade : trop de marques et trop de produits obsolètes. Les regroupements semblent être devenus la panacée, au point que Leyland (Rover, Land Rover et Triumph, plus une activité camions-autocars) rejoint BMC en 1968. Jaguar est noyé dans ce puzzle disparate et Lyons, sans perdre toutes ses responsabilités au sein de Jaguar, n'a plus le pouvoir. A 71 ans, il se retire, non sans avoir savouré une dernière

1953 Adoption des freins à disques sur la Jaguar C qui s'impose au Mans.

1954 La Jaguar D 3,4 litres monocoque remplace la C et est battue de justesse par une Ferrari V12 5 litres aux 24 Heures du Mans. Elle s'y impose trois fois consécutivement de 1955 à 1957.

1955 Lancement de la Jaguar 2,4, une berline compacte autour de laquelle sera déclinée toute une gamme.

1956 William Lyons est anobli en hommage à ses résultats dans l'industrie automobile, et notamment l'exportation.

1957 Un incendie détruit un tiers de l'usine, 300 voitures dont les nouvelles XKSS et la petite série de dérivées routières de la Jaguar D.

1960 Jaguar rachète la marque Daimler et ses installations industrielles. Désormais, la gamme de berlines compactes Mk II est proposée avec des moteurs 2,4, 3,4 et 3,8. Cette dernière version s'illustre en compétition.

1961 Sir William Lyons fait preuve d'une très grande créativité en lançant la Jaguar Type E, coupé et cabriolet, avec suspensions à roues indépendantes et moteur 3,8. Autre nouveauté, la berline MK X a les mêmes caractéristiques que la E.

En 1955, lancement de la première berline qui allait servir de base à toute une lignée, la 2,4. Une version plus puissante et plus luxueuse apparut en 1960, la 3,8 litres Mk II.

1963 Nouvelle phase d'expansion avec le rachat du motoriste Coventry Climax.

1965 Le moteur XK est extrapolé en 4,2 litres et monté sur les E et Mk X. Version 2 + 2 de la Type E, désormais disponible en boîte automatique. Étude d'une voiture de course équipée d'un V12 5 litres en position centrale arrière, la XJ13 qui, deux ans plus tard, en essais, atteindra 260 km/h.

1966 Fusion de Jaguar Cars Ltd et de toutes ses filiales, avec British Motor Corporation pour former British Motor Holding (BMH) présidé par Sir George Harriman. Sir William Lyons siège au holding.

1968 Fusion de BMH avec Leyland Group et création de British Leyland Motor Corporation. Sir William Lyons démissionne de son poste de directeur. Lancement d'une nouvelle Daimler limousine puis de la berline Jaguar XJ6.

1969 Les différentes Jaguar XJ6 sont doublées de versions Daimler.

1971 Apparition du V12 5,3 litres, d'abord dans la Type Série 3, puis dans les berlines Jaguar XJ12 et les Daimler Double Six.

1974 Version deux portes de la XJ : XJ6C et XJ12C. Le choc pétrolier sonne le glas de la Type E. 1 869 voitures sont assemblées, les 50 dernières sont des roadsters noirs réservés au marché anglais.

fois le bonheur d'assister à la naissance d'un nouveau produit, en l'occurrence un superbe moteur V12 de 5,3 litres, monté dans un premier temps dans la Type E puis, plus tard, dans la série XJ qu'il a lancée en 1968 et qui continue, dans les années 90, à constituer l'ossature de la gamme Jaguar.

La nomination de John Egan à la tête de Jaguar en 1980 éclaircit la retraite de Sir William Lyons. Il voit en cet homme une sorte d'héritier susceptible de restaurer l'esprit de la marque mais aussi son indépendance et sa rentabilité. Et quand Jaguar est privatisé en 1984, Sir William Lyons devient actionnaire. De plus, John Egan le nomme président d'honneur. Un an plus tard, il meurt chez lui. Jaguar a retrouvé son indépendance, Sir William Lyons disparaît heureux.

Depuis, Jaguar a renoué avec son prestigieux passé sportif en gagnant à nouveau les 24 Heures du Mans mais la belle indépendance, chère au cœur de Sir William Lyons, s'est irrémédiablement envolée. Jaguar est désormais une filiale de Ford.

CI-DESSUS : A la fin des années 70, Jaguar se lança dans le championnat d'Europe des Voitures de Tourisme avec les coupés XJ préparés par Ralph Broad. Si les Jaguar étaient très performantes et pilotées par les meilleurs spécialistes du moment, elles n'avaient pas la fiabilité des BMW et échouèrent.

EN MÉDAILLON : L'élégant coupé XJ6 en version routière, introduit en 1974, était bien dans l'inspiration du style Lyons.

1975 La XJ-S 2 + 2, coupé Grand Tourisme animé par le V12 5.3 litres remplace la Type E dans la gamme mais pas dans le coeur des inconditionnels.

1980 John Egan est nommé président de Jaguar avec un contrat de cinq ans, période durant laquelle il doit redresser la marque.

1984 Jaguar est privatisé. Lyons devient actionnaire et président d'honneur.

1985 Sir William Lyons meurt, chez lui, le 8 février. Apparition de la XJS découvrable.

1986 Lancement de la XJ 6 génération 40 propulsée par le 3.6 litres à quatre soupapes par cylindre. Motorisation 2.9 avec un six cylindres issu du V12. Les boîtes de vitesses sont d'origine Getrag (mécanique 5 rapports) et 2.F (automatique 4 rapports). La version la moins chère est à quatre phares.

V12 série III de 1980.

1988 Apparition du cabriolet XJS V12 sans arceau.

1989 Adoption du moteur 4 litres sur la XJ6 surnommée XJ40. Présentation de l'extraordinaire XJ 220 fabriquée par Jaguar Sport.

Les Jaguar de légende

Dès ses premières réalisations, William Lyons affirma son style. Rendre esthétiquement attrayants d'austères side-cars fut une tâche dont il s'acquitta brillamment. Ses petites Swallow, dérivées des modestes Austin Seven, avec leurs formes rondes et élégantes, furent les préludes à la création de grands classiques immortels.

SS 100 1936-1939

Simple et bon marché, la SS 100 avait une suspension des plus conventionnelles mais un air de jamais vu. Elle était propulsée par un six cylindres en ligne de 2,5 litres à soupapes en tête de 125 ch la propulsant à 160 km/h.

Jaguar XK 120 1948-1954

A l'origine, la XK 120 avait une carrosserie en aluminium. Lorsqu'elle fut produite en grande série, l'acier remplaça l'alu. Le moteur était nouveau : six cylindres double arbre de 3 442 cm^3 de 160 chevaux et vitesse maxi de 193 km/h.

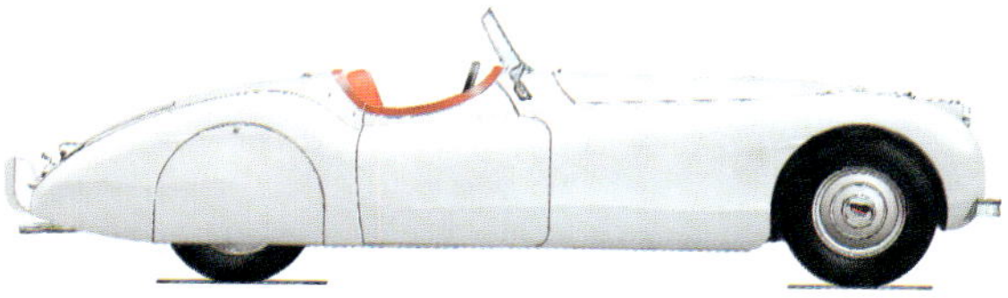

Jaguar Type D 1954-1956

Construite pour gagner les 24 Heures du Mans, elle s'acquitta parfaitement de la tâche qui lui était assignée en s'imposant en 1955, 1956 et 1957. Son moteur était le XK double arbre 3,8 litres qui développait 300 chevaux. Seulement 71 Type D furent produites.

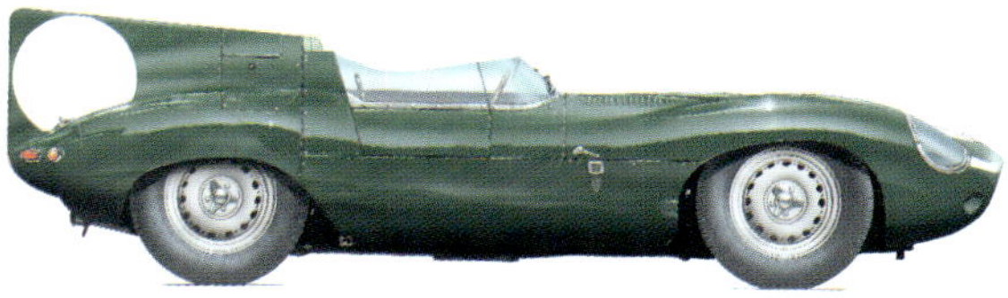

Jaguar Type E 1961-1974

C'est peu dire qu'en 1961, la Type E fit l'effet d'une bombe. Sa ligne était unique, elle l'est restée, en coupé comme en cabriolet. Ses performances étaient bien en rapport avec son extraordinaire design : plus de 240 km/h avec son 3,8 litres double arbre de 265 chevaux.

Jaguar XJ6 1968-Toujours en production

Avec la XJ6, Jaguar établit de nouveaux standards en matière de confort, de raffinement et de tenue de route.

OVC 501

Jaguar type D

JAGUAR SS 100

• Les chefs-d'œuvre •

JAGUAR SS100

Première création de William Lyons à porter le nom de Jaguar, la SS100 fut à l'origine d'une lignée prestigieuse, des XK à la XJS.

A vingt et un ans, en compagnie de William Walmsey, William Lyons crée Swallow Side-car Co., une société spécialisée dans la conception de side-cars pour motocyclettes. En 1927, il construit, sous l'appellation d'Austin Swallow, sa toute première voiture : en fait, une habile relecture de la populaire Austin Seven, habillée pour la circonstance d'une fort jolie carrosserie deux places d'allure sportive.

Très vite, l'Austin Swallow dépasse le stade du produit artisanal, et le nombre toujours plus important de commandes incite la firme à s'installer, dès novembre 1928, dans des locaux plus vastes, à Coventry. Cette extension se double d'une expansion considérable, puisque Lyons embauche près d'un millier d'ouvriers !

Il est vrai que le futur « Mr. Jaguar » envisage un avenir automobile plus ambitieux que celui qui consiste à recarrosser les modestes Seven : il se livre bientôt à une activité analogue sur toutes sortes de châssis (Morris, Wolseley, Fiat, etc.) et, surtout, sur des Standard. En effet, Lyons entretient des relations privilégiées avec le président de cette firme, sir John Black, ce qui l'amène à demander au constructeur de lui fournir des châssis modifiés selon sa demande en vue de construire un véhicule qui serait – enfin – conforme à son idéal, et la première véritable automobile signée William Lyons...

La voiture ainsi fabriquée s'appelle SS One. Les avis sont partagés sur l'origine du nom (abandonné, pour d'évidentes raisons, dès le début de la Seconde Guerre mondiale) : « SS » voudrait dire Standard Swallow, Standard Special ou encore Swallow Sport, la deuxième solution semblant la bonne.

Naissance d'un grand fauve

La SS100 2,5 litres, présentée en septembre 1935, porte, comme la remarquable berline lancée au même moment, le nom de Jaguar. L'emblème, récupéré après son

abandon (au profit d'un tigre !) par la firme d'aviation Armstrong-Siddeley, est stylisé par le célèbre dessinateur de la revue *The Autocar*, Gordon Crosby.

CI-CONTRE : Archétype de la voiture de sport britannique d'avant guerre, la SS100 possède une incontestable élégance. La version à moteur 3,5 litres vue ici dépassait 160 km/h. Soixante ans plus tard, le charme de ce modèle très recherché par les collectionneurs est intact.

CI-DESSUS : Si la Jaguar avait un bon comportement routier, beaucoup de ses propriétaires amélioraient l'adhérence du train arrière en montant des pneus arrière plus larges comme c'est le cas sur ce modèle.

La voiture succède à l'éphémère SS90, dont elle reprend l'essentiel du châssis et des trains roulants, au demeurant extrêmement traditionnels, tout comme les freins à câble Bendix ou la direction Burman à vis et à écrou empruntés à la nouvelle berline. En revanche, le moteur six cylindres d'origine Standard – qui a montré ses limites sur les premières SS – fait l'objet de tous les soins du constructeur.

C'est d'abord le magicien « ès culasse » Harry Weslake – bien plus tard, il signera un excellent V8 de Formule 1 – qui se penche sur la culasse à soupapes latérales de la mécanique Standard. De ce fait, le six-cylindres en ligne de 2 663 cm^3 est modifié pour être équipé de soupapes en tête. Le bas-moteur, lui, est soigneusement revu et corrigé par le technicien maison, William Heynes.

100 miles à l'heure : contrat rempli...

Sous la magnifique carrosserie traitée en roadster deux places, la Jaguar SS100 propose alors 102 ch à 4 600 tr/mn, ce qui ne lui permet pas d'atteindre tout à fait les 100 miles à l'heure (environ 160 km/h) qui sont censés justifier le chiffre accolé au patronyme de la voiture. Les essayeurs ont beau tout tenter, impossible de faire mieux que 152-153 km/h.

Qu'à cela ne tienne : en 1937, la SS100 reçoit un moteur dont la cylindrée est portée, par réalésage et par adoption d'un nouveau vilebrequin, à 3 485 cm^3. Cette fois, la barre des 100 miles est franchie : affichant 125 ch, la nouvelle Jaguar affiche aisément les 160 km/h promis et même un peu plus, avec 162 km/h dûment homologués !

La version 2,5 litres sera construite à un peu moins de 200 exemplaires jusqu'en mars 1941. Huit mois plus tard, le dernier des 118 modèles 3,5 litres fabriqués sortira des ateliers de Coventry. Et ce n'est que longtemps après, en 1947 et 1948, qu'une Jaguar SS100 signera ses plus beaux succès en compétition en s'adjugeant – aux mains du gendre de William Lyons, l'excellent pilote Yan Appleyard – la fameuse Coupe des Alpes. Juste avant de passer le glorieux relais à une autre Jaguar de légende, la XK120...

JAGUAR SS100

Lorsque la Jaguar SS100 – premier fauve d'une portée qui n'a cessé de donner d'extraordinaires rejetons – apparut, en 1935, elle porta un sérieux « coup de vieux » aux autres voitures de sport anglaises. Si sa technique conventionnelle et ses performances honnêtes n'en faisaient pas un engin exceptionnel, sa ligne aussi belle qu'agressive et son incroyable rapport qualité-prix ouvraient des voies nouvelles : une grande marque était née...

■ Boîte de vitesses à quatre rapports

Le six-cylindres en ligne était accouplé à une boîte de vitesses manuelle à quatre rapports, dont les trois derniers étaient synchronisés. Le premier rapport disposait d'un système à crabot et ne pouvait être engagé qu'à l'arrêt.

■ Pare-brise rabattable avec saute-vent

Le pare-brise de la SS100 pouvait être rabattu vers l'avant, permettant l'utilisation d'un ou de deux saute-vent. Si la résistance à l'air était amoindrie, l'efficacité aérodynamique n'était guère meilleure.

■ Moteur six cylindres en ligne

La SS100 utilisait un six-cylindres en ligne à soupapes en tête directement dérivé du moteur Standard à soupapes latérales des premières SS. L'ingénieur Harry Weslake avait étudié la nouvelle culasse, et William Heynes s'était chargé du bas-moteur. Le moteur 2,5 litres (2,66 litres exactement) offrait 102 ch, tandis que la mécanique, passée à 3,5 litres, développait 125 ch.

■ Carter en alliage nervuré
Afin d'accélérer le refroidissement en favorisant l'évacuation de la chaleur, le carter d'huile en alliage était nervuré, ce qui complétait un système de refroidissement globalement efficace.

■ Cadre en bois
Sur le châssis en acier prend place une structure en bois de frêne collée et vissée, sur laquelle sont cloués les panneaux en alliage léger de la carrosserie. Ce mode de construction, courant avant guerre, est aujourd'hui toujours en vigueur chez Morgan !

■ Absence de coffre
Il n'y a pas de coffre sur la SS100 : les bagages (légers !) prennent place derrière les sièges, dans un logement prévu à cet effet. L'arrière de la voiture est occupé par le réservoir d'essence et par la roue de secours.

■ Freins à tambour de grand diamètre
Avant les freins à disque, l'unique moyen d'obtenir un ralentissement efficace était l'utilisation de freins à tambour de grand diamètre et bien refroidis. Deux caractéristiques que l'on trouve sur les très bons freins de la SS100.

Ci-dessus : Ce modèle 3,5 litres fut vendu en mars 1939. La revue *The Autocar* rapportait, en 1937, que la SS100 était « vraiment très agréable, vive et difficile à égaler dans sa catégorie ».

En haut : La SS100 se montra toujours brillante en compétition, comme ici au Rallye d'Écosse en 1939.

Page précédente, en bas : Basse et racée, dotée de très grands phares Lucas, la SS100 voyait son caractère sportif affirmé davantage encore par la possibilité de rabattre le pare-brise et d'installer deux simples saute-vent.

Au volant de la SS100 : Aussi performante que belle

La 100 fut, sans ambiguïté, la plus sportive mais aussi globalement la meilleure des SS. Cette stricte deux-places, compacte tant à l'extérieur qu'à l'intérieur, proposait, du fait de l'exiguïté de l'habitacle, une position de conduite près du volant, encore que celui-ci ait été ajustable. Avec un train avant précédant le radiateur-calandre et des roues arrière installées quasiment sous les sièges, cette compacité prenait tout son sens.
L'instrumentation était très complète mais dispersée sur l'ensemble du tableau de bord, ce qui ne la rendait pas toujours aisée à consulter. Les 125 ch du six-cylindres 3,5 litres permettaient d'atteindre 160 km/h réels, alors que la version dotée du 2,5-litres (en fait, un 2,7-litres) n'affichait qu'un peu plus de 150 ch. Côté accélérations, il fallait environ 11 secondes pour atteindre 100 km/h – une valeur plus que brillante à l'époque.
La SS100 était idéale pour croiser à 110-120 km/h sur grandes distances. Le moteur à longue course, offrant une grande souplesse d'utilisation, et l'excellente boîte de vitesses la rendaient alors facile et agréable à conduire. Mais, sur mauvais revêtements, la suspension, quoique très ferme, en faisait une voiture peu confortable. En revanche, le comportement routier était satisfaisant.

LA JAGUAR SS100 ET SES RIVALES	Moteur	Cylindrée	Puissance	Couple	Vitesse maxi	0 à 100 km/h	Longueur	Empattement	Voie Av / Ar	Poids	Année de référence
Jaguar SS100	six-cylindres en ligne soupapes en tête	2 663 cm^3	102 ch à 4 500 tr/mn	NC	152 km/h	13,5 s	3,886 m	2,642 m	1,372/1,372	1 168 kg	1937
Alfa Romeo 6C 1750	six-cylindres en ligne 2 ACT	1 752 cm^3	85 ch à 4 500 tr/mn	NC	145 km/h	NC	3,652 m	2,745 m	1,390/1,390	920 kg	1935
BMW 328	six-cylindres en ligne soupapes en tête	1 971 cm^3	80 ch à 4 500 tr/mn	12,9 mkg à 4 000 tr/mn	165 km/h	9,5 s	3,899 m	2,392 m	1,156/1,219	745 kg	1937
Delahaye 135M	six-cylindres en ligne soupapes en tête	3 557 cm^3	110 ch à 3 850 tr/mn	NC	169 km/h	NC	3,960 m	2,920 m	1,372/1,372	940 kg	1937
Frazer Nash Shelsley	six-cylindres en ligne ACT	1 496 cm^3	105 ch à 5 600 tr/mn	NC	169 km/h	NC	3,327 m	2,565 m	1,280/1,058	838 kg	1934

La Jaguar SS100 à la loupe

C'est avec la SS100 qu'apparaît pour la première fois, en 1935, le nom de Jaguar, sous lequel les automobiles de sir William Lyons deviendront célèbres. L'ancêtre sera suivie d'une prestigieuse lignée : celle des XK120, XK140 et XK150 dans les années 50 puis les Type E six et douze cylindres et, aujourd'hui, la XJS. La SS100 marquait une rupture définitive avec les premiers modèles, équipés de moteurs Standard à soupapes latérales, celui de la 100 ayant été modifié par Weslake et Heynes.

CI-DESSUS : Vendue à un prix imbattable (comme, par la suite, la XK ou la Type E), la Jaguar SS100 proposait un rapport qualité-prix-performances exceptionnel.

■ Style

William Lyons fut toujours un dessinateur de grand talent, et les différentes Jaguar dont il a tracé la silhouette sont de parfaites réussites esthétiques. Ni le roadster SS100 ni la berline basse et fluide présentée simultanément ne font exception à cette règle.

On retrouve la griffe de Lyons, qui deviendra la règle chez Jaguar : un capot le plus long possible, la ligne nette du pare-brise, l'habitacle placé très en arrière et le coffre court.

Le dessin de la SS100 est simple et classique, dans la tradition du roadster britannique d'avant guerre : radiateur-calandre étroit encadré par deux gros phares, capot largement percé d'ouïes de refroidissement et grand réservoir épousant la forme de l'arrière – qui reçoit la roue de secours apparente. L'emplacement prévu pour les bagages, réduit au minimum, se trouve derrière les deux sièges. L'essentiel du style, et sa réussite, tient à l'excellente proportion des lignes et au galbe élégant des longues ailes traitées d'un seul tenant, qui n'excluent pas une agressivité sportive de bon aloi. Bref, c'est déjà une vraie « Jag » !

CI-DESSUS : En 1937, ce modèle 2,5 litres fut chronométré, sur la piste de Brooklands, à 152,5 km/h.

CI-DESSOUS : L'unique coupé SS100, dévoilé en 1938, demeura un brillant exercice de style.

CI-DESSUS : Au milieu des années 30, Lyons choisit le jaguar pour emblème.

CI-CONTRE : Le radiateur-calandre grillagé, typique de la Jaguar SS100.

CI-DESSOUS : Les SS90 et 100 possédaient, de série, des roues Dunlop à rayons de 18 pouces, à fixation centrale.

CI-DESSUS : Les feux arrière : rouges pour la signalisation, orange pour les « stop » et blancs pour le recul.

CI-DESSUS : Le logo SS fut supprimé après la Seconde Guerre mondiale. Seul subsistera le nom de Jaguar.

CI-DESSOUS : Derrière les sièges se trouvait soit un espace dévolu aux bagages, soit un siège rabattable.

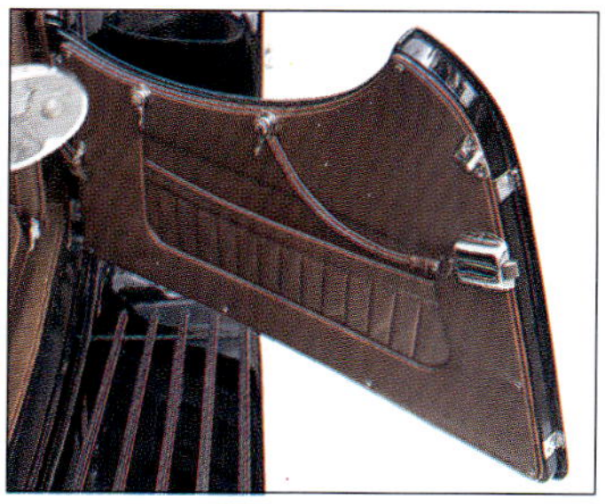

CI-DESSOUS : Les portes s'ouvrant vers l'arrière étaient la règle générale avant la dernière guerre.

CI-DESSOUS : Le magnifique tableau de bord de la SS100.

caractéristiques

Jaguar SS100 1937

• MOTEUR

Type :	six-cylindres en ligne, soupapes en tête
Construction :	culasse en alliage d'aluminium, bloc en fonte ; vilebrequin à sept paliers
Alésage x course :	73 mm x 106 mm
Cylindrée :	2 663 cm^3
Taux de compression :	7,0 : 1
Distribution :	deux soupapes par cylindre, actionnées par tiges et culbuteurs entraînés par l'arbre à cames latéral
Alimentation :	deux carburateurs SU, deux pompes à essence électriques
Allumage :	mécanique par bobine et distributeur
Puissance maximale :	102 ch à 4 500 tr/mn
Couple maximal :	non communiqué

• TRANSMISSION

Type :	boîte de vitesses manuelle à quatre rapports, avec synchronisation sur les trois derniers rapports
Rapports de boîte :	1re : 3,60 : 1 2e : 2,11 : 1 3e : 1,37 : 1 4e : 1,00 : 1
Rapport de pont :	4,0 : 1, avec un pont à denture spiroïdale

• CHASSIS/CARROSSERIE

Type :	châssis type « échelle » en acier, longerons latéraux reliés par traverses et élément central cruciforme ; carrosserie roadster deux places en alliage léger, clouée sur un bâti en frêne solidaire du châssis

• TRAIN ROULANT

Direction :	à vis sans fin et écrou Burman Douglas, avec un volant ajustable Bluemel
Suspension :	avant, essieu rigide, ressorts à lames semi-elliptiques, amortisseurs à friction réglables doublés par des amortisseurs hydrauliques Girling Luvax ; arrière, essieu rigide, ressorts à lames semi-elliptiques, amortisseurs hydrauliques Girling Luvax
Freins :	à tambour, en Millenite Girling, ø 13", commande mécanique
Roues :	Dunlop, à rayons et fixation centrale, ø 18"
Pneumatiques :	Dunlop Sport, 5,25" x 18"

• DIMENSIONS ET POIDS

Longueur :	3,886 m
Largeur :	1,600 m
Hauteur :	1,270 m
Empattement :	2,642 m
Voies :	1,372 m (Av, Ar)
Poids :	1 168 kg

• PERFORMANCES

Accélérations :	0 à 100 km/h : 13,5 s (11 s pour la version 3,5 litres)
Vitesse maximale :	152 à 153 km/h (162 km/h pour la version 3,5 litres)

■ Carrosserie en acier et alliage

La plupart des panneaux de carrosserie de la SS100 étaient en alliage d'aluminium, et ne jouaient aucun rôle porteur. En revanche, les ailes, plus exposées aux chocs, étaient en tôle d'acier.

■ Châssis séparé en acier

Sous la carrosserie en alliage, on trouvait un robuste châssis en acier à section tubulaire, avec deux forts longerons, des traverses et un élément cruciforme assurant une meilleure résistance à la torsion. Ce châssis était surbaissé, passant en dessous des ressorts de suspension et du pont arrière afin de donner à la voiture la plus faible garde au sol possible.

■ Essieu avant rigide

La SS100 ne possédait pas de roues avant indépendantes ; elle se contentait d'un essieu rigide, associé à des ressorts à lames semi-elliptiques.

■ Amortisseurs hydrauliques et à friction

Les mouvements de l'essieu avant étaient contrôlés par la combinaison entre de traditionnels amortisseurs à friction réglables André et de plus modernes éléments hydrauliques Girling Luvax.

■ Portes s'ouvrant vers l'arrière

Les portes s'ouvrant vers l'arrière offraient un accès plus facile à l'habitacle. Ce procédé, généralisé sur les voitures jusqu'à la fin des années 40, fut banni pour cause de sécurité : elles pouvaient aisément s'ouvrir en roulant…

Châssis et transmission

La Jaguar SS100, moteur avant et propulsion arrière, était établie sur un châssis classique type « échelle » en acier embouti. Sa base était constituée de longerons latéraux de section tubulaire se rapprochant dans la partie avant, reliés par des traverses également tubulaires, avec un élément central cruciforme ajouré destiné à rigidifier la légère plate-forme.

Le moteur était accouplé, via un embrayage à simple disque, à une boîte de vitesses manuelle à quatre rapports, les trois derniers étant synchronisés. Le couple du pont arrière était à denture spiroïdale.

Le train avant était à essieu rigide, avec des ressorts dont les lames semi-elliptiques étaient gainées de plomb afin de réduire les frottements avec les axes fixes.

A l'arrière, on retrouvait l'essieu rigide et les ressorts semi-elliptiques, le châssis passant au-dessous d'eux afin de diminuer la hauteur de l'ensemble châssis-carrosserie.

Ci-dessous : La carrosserie en panneaux d'alliage léger était clouée sur un cadre en frêne posé sur le châssis.

Moteur

Après avoir utilisé pendant plusieurs années le six-cylindres en ligne Standard à soupapes latérales, Lyons décida de profondément modifier la mécanique sur la SS100, devenue Jaguar. La culasse fut étudiée par le grand spécialiste Harry Weslake, qui lui donna des soupapes en tête, William Heynes s'occupant du bas-moteur, en montant notamment un vilebrequin à sept paliers et en améliorant la lubrification.

Le nouveau moteur conserva la longue course de l'ancien six-cylindres (73 mm x 106 mm) et la cylindrée de 2 663 cm^3.

La nouvelle culasse possédait deux soupapes verticales dans chaque chambre de combustion réusinée, actionnées par des tiges et des culbuteurs entraînés par l'arbre à cames monté latéralement dans le bloc. A partir de 1938, les six tuyaux d'échappement séparés furent réunis en deux ensembles de trois. Avec un taux de compression de 7,0 : 1, le moteur délivrait 102 ch à 4 500 tr/mn, soit 30 ch de plus que le moteur à soupapes latérales.

Ci-dessus : La première SS100 possédait des tubulures d'échappement « six-en-une » et, à partir de 1938, sur tous les modèles, deux éléments séparés de trois tubulures chacun.

Ci-dessus : Cette SS100 en cours de restauration montre l'avant du châssis à doubles longerons, le tablier et le moteur (ici, le 3,5-litres) installé très en arrière. Les tubulures d'échappement sont démontées. A noter les supports perforés destinés à recevoir les ailes avant, l'essieu avant rigide et les ressorts semi-elliptiques.

Ci-contre : La suspension avant à essieu rigide comporte des ressorts à lames gainés de plomb, des amortisseurs à friction réglables et des amortisseurs hydrauliques.

Ci-dessus, à droite : Les ressorts avant à lames semi-elliptiques pivotent sur des tourillons coulissants montés à l'extérieur du châssis. On distingue l'amortisseur à friction réglable André et l'amortisseur hydraulique Girling Luvax.

A DROITE : La bonne température du moteur était assurée par le grand radiateur nid d'abeilles et par le ventilateur entraîné par courroie.

A GAUCHE : Les modifications apportées par Weslake (auteur de la culasse à soupapes en tête) et par Heynes sur le bloc-moteur d'origine Standard permettaient de porter la puissance à plus de 100 ch.

CI-DESSUS : La vue de l'admission du moteur révèle la canalisation principale d'alimentation en eau venant du radiateur, les deux carburateurs SU, la dynamo, le distributeur et la pompe à essence.

CI-CONTRE : Le pare-brise rabattu, remplacé par les saute-vent, permettait de gagner 13 km/h en vitesse de pointe.

CI-DESSOUS : Le moteur était refroidi par les nombreuses ouvertures ménagées le long du capot.

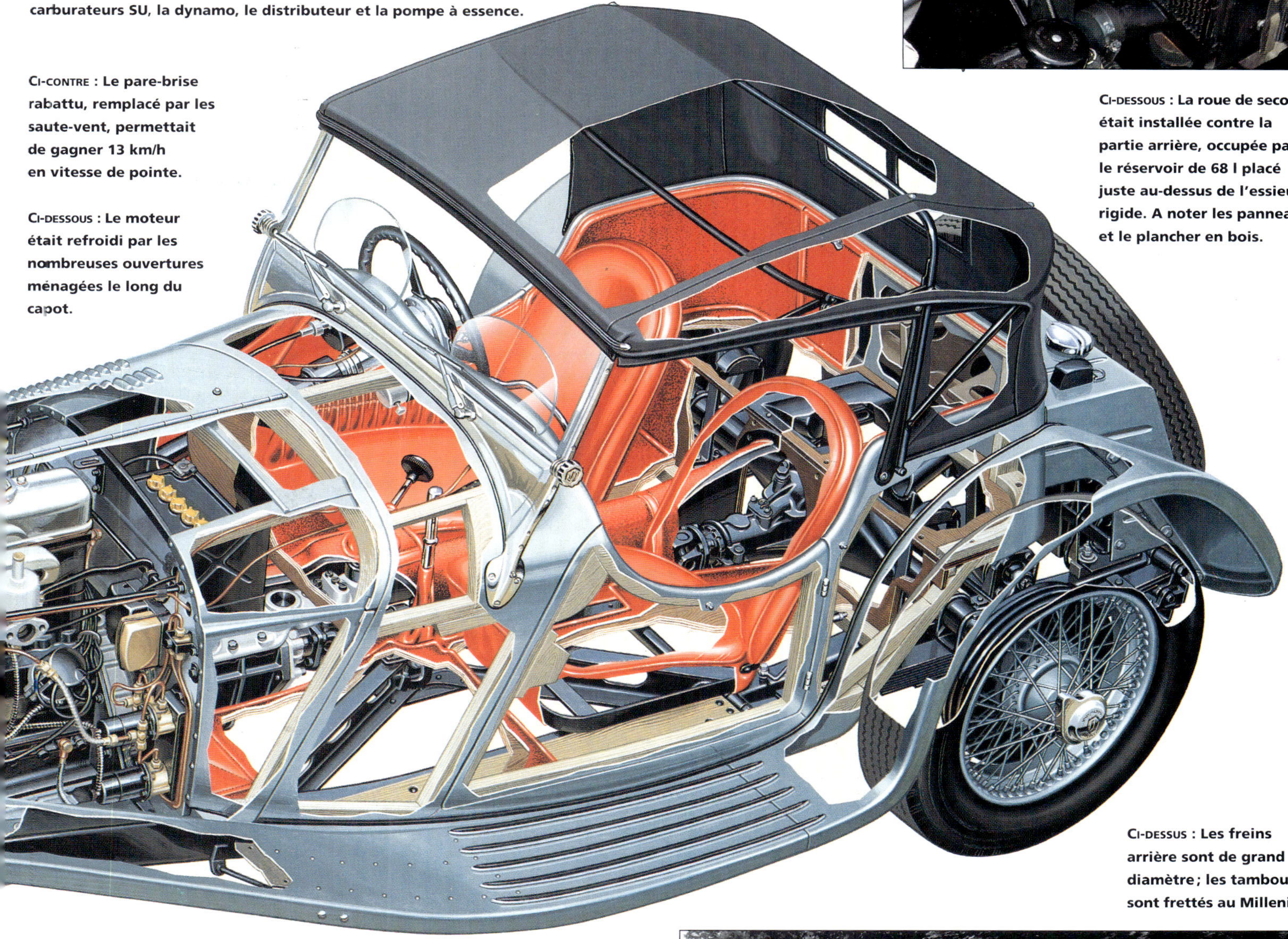

CI-DESSOUS : La roue de secours était installée contre la partie arrière, occupée par le réservoir de 68 l placé juste au-dessus de l'essieu rigide. A noter les panneaux et le plancher en bois.

CI-DESSUS : Les freins arrière sont de grand diamètre ; les tambours sont frettés au Millenite.

CI-DESSUS : Le châssis comportant deux longerons latéraux reliés par des traverses tubulaires est rigidifié, au centre, par un élément cruciforme, perforé afin de gagner du poids. Les marchepieds, sur une voiture aussi basse, n'ont aucune fonctionnalité ; ils s'apparentent à un effet de style.

CI-CONTRE : Cette version 3,5 litres a été essayée, en 1939, par le magazine *The Autocar*, qui rapporte : « Le charme essentiel de la SS100 réside dans sa vitesse de croisière élevée, qui incite à enchaîner les kilomètres. »

JAGUAR XK 120

• Les chefs-d'œuvre •

JAGUAR XK120

La XK120 est sans aucun doute le modèle qui plaça Jaguar durablement, sinon définitivement, au pinacle des constructeurs de voitures de sport. Tandis que nombre de spécialistes tentaient de relancer l'intérêt des acheteurs avec des véhicules obsolètes, Jaguar joua à fond la carte de la modernité. Avec un succès qui dépassa toutes les prévisions...

Lorsque la Jaguar XK120 fait son apparition publique dans le vaste hall de Earls Court où se tient le Salon de l'automobile de Londres en octobre 1948, il convient, pour bien comprendre à quel point cette voiture crée l'événement, de considérer le paysage automobile de l'immédiat après-guerre. Il est bien triste... et plus encore, si c'est possible, dans le strict domaine de la voiture dite de sport, que l'on appellera bientôt de grand tourisme.

En Grande-Bretagne, justement, la situation est sans ambiguïté : hormis la MG TC/TD, qui reprend d'ailleurs la robe et les dessous du modèle d'avant le conflit, on ne trouve pas grand-chose. Certaines marques confidentielles, comme Alvis ou Lea Francis, proposent des engins non dénués de charme mais franchement dépassés, tandis que les Allard et autres Frazer-Nash sont des automobiles de course à peine déguisées, en tout cas fort peu civilisées. Certains « généralistes », enfin, se sont empêtrés dans des réalisations tentant de concilier une apparence « sportive » avec les impératifs de la grande série familiale, ce qui nous vaut quelques monstruosités sur lesquelles il est inutile de s'attarder.

La France, fière de son héritage prestigieux, l'exhibe tant et si bien qu'elle en oublie que dix ans ont passé. Dix ans qui comptent double... La Bugatti 101 n'est qu'un médiocre prolongement de la gracile 57, dont elle utilise sans vergogne moteur et châssis... nés en 1933. Talbot-Lago, Delahaye, Delage exploitent avec le même aveuglement — finances obligent, reconnaissons-le — leur fonds de commerce des années 30. Avec la circonstance aggravante de subir, souvent, les fantaisies délirantes de certains carrossiers !

L'Allemagne fera parler d'elle à son heure (qui sonnera plus rapidement que prévu) et l'Italie est dans l'expectative : tandis qu'Alfa Romeo tend à suivre le mauvais exemple français, Lancia fourbit ses armes

La Jaguar XK120 à la loupe

La réputation de Jaguar en matière de voitures de sport, si elle fut définitivement assise avec la série des XK, était déjà bien établie avant la guerre grâce à l'élégante SS100, modèle particulièrement représentatif de la tendance des automobiles sportives à la fin des années 30. Il aurait pu jouer les prolongations, ainsi que l'ont fait bien d'autres modèles ! Mais, au lendemain de la guerre, William Lyons désirait quelque chose de radicalement nouveau, à partir d'un moteur conçu par la marque Jaguar : une démarche inverse à celle de la plupart des concurrents. Le nouveau moteur Jaguar avait été étudié pendant le conflit ; il était fin prêt pour faire le bonheur des futurs possesseurs de la XK120, dont la première version, en 1948, offrait 160 ch.

Ci-dessus : Les lignes originales de la Jaguar furent inspirées à Lyons par le style de voitures telles que la Talbot-Lago « Goutte d'eau » de Figoni et Falaschi.

■ Style

L'un des atouts maîtres de Jaguar fut, longtemps, de posséder en William Lyons un styliste de valeur, voire de génie, comme le démontre le dessin de nombre de Jaguar jusqu'en 1970. Ce talent consistait en partie à faire évoluer dans le temps le modelé d'une carrosserie en conservant aux lignes un air de famille typiquement Jaguar.
La SS100 d'avant-guerre avait montré la voie ; la XK120 était encore plus originale et tout aussi impressionnante, et la réussite du « coup de patte » de Lyons est incontestable dans d'autres grands classiques comme la Type E ou la berline XJ.
La forme de la première XK120 est à juste titre considérée aujourd'hui comme la plus pure de la lignée : les pare-chocs de la XK140 sont plus lourds, et la XK150, en perdant le décrochement prononcé de l'aile arrière, présente une silhouette un peu trop arrondie.

Ci-dessous : Un coupé à toit fixe fut proposé à partir de 1951, et un cabriolet en 1953.

Ci-dessous : Contrairement aux autres versions, le roadster — ou « deux-places sport décapotable » — est une très stricte deux-places !

Ci-dessus : Le phare caréné situé entre le capot et l'aile demeure l'une des particularités stylistiques marquantes de la XK120.
Ci-dessous : Sur les voitures munies de roues en tôle, des flasques étaient montés à l'arrière. Les roues à rayon devinrent disponibles en 1952, et le coupé fut proposé en 1951. Le dessin du centre représente encore une XK120, la XK140 de 1954 ayant des pares-chocs plus épais. En bas figure un cabriolet XK150, à la ceinture de caisse plus lourde.

Jaguar XK120 roadster

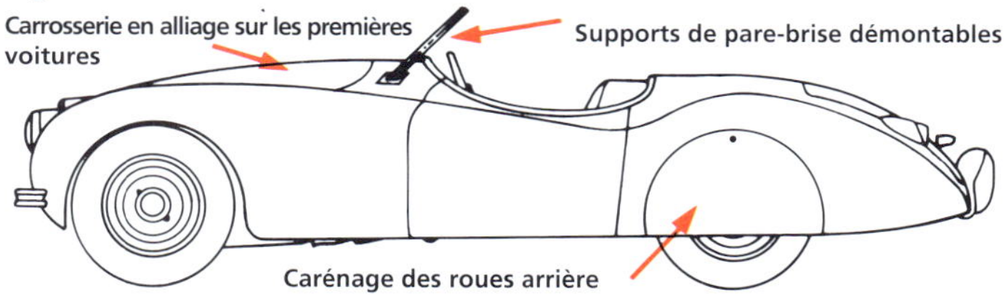

Jaguar XK120 coupé

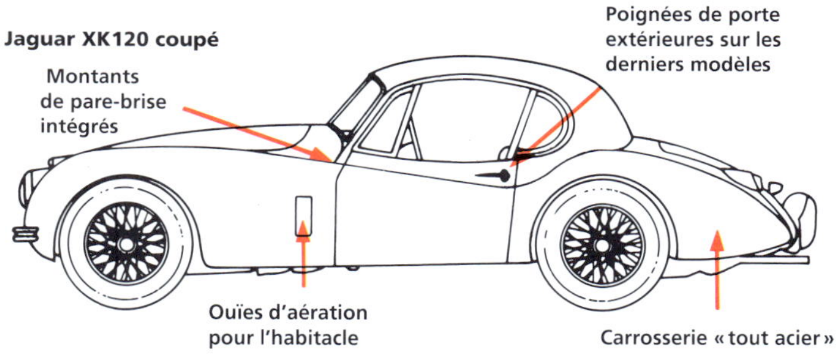

Jaguar XK150 cabriolet

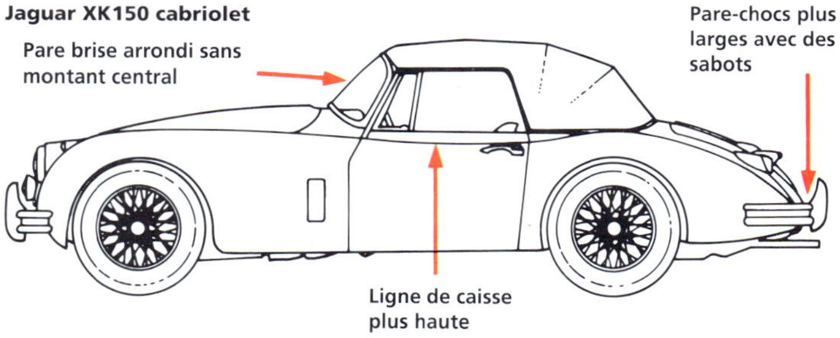

Ci-dessous : Sur le roadster, le pare-brise est amovible, un pare-brise rabattable existant en option.

■ Châssis et carrosserie

Le châssis de la XK120 est robuste : constitué de forts longerons et de traverses en caisson, il est en acier estampé à haute résistance. Le fait que cet ensemble ait été conçu pour la vaste berline Mark V — raccourci de près de 50 cm pour la nouvelle sportive ! — explique aisément cette solidité.

La toute première carrosserie, de type roadster, fut réalisée en panneaux d'aluminium supportés par une armature en frêne.

240 voitures seront construites avec une carrosserie en aluminium, les dernières cohabitant sur la ligne d'assemblage avec les caisses « tout acier » qui sont le lot de l'ensemble des autres XK120 et, bien sûr, des modèles 140 puis 150.

En mars 1951, une version coupé, très réussie grâce à une ligne de toit particulièrement originale, s'ajoute au roadster ; l'offre sera complétée en 1953 avec l'apparition d'un cabriolet dont l'un des avantages est de dégager un petit peu plus d'espace dans l'habitacle, derrière les sièges.

D'octobre 1948 à septembre 1954, date du remplacement du modèle par la 140, il sera fabriqué 12 053 XK120 (7 610 roadsters, 2 678 coupés et 1 765 cabriolets).

Ci-dessous : Cet éclaté du coupé 1951 révèle la simplicité de la structure.

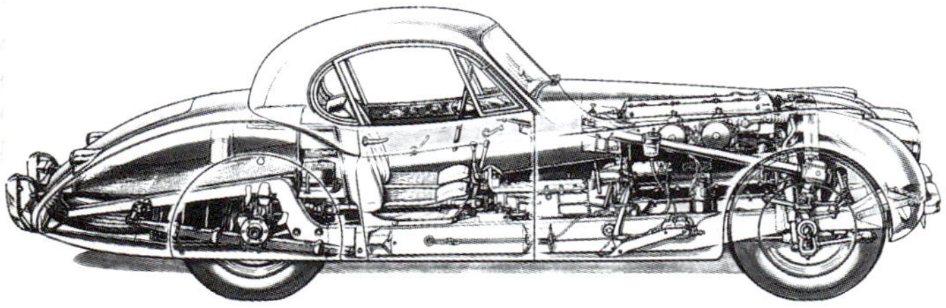

■ La Type C

C'est dans l'optique de briller aux 24 Heures du Mans que fut étudiée, et fabriquée en mai 1951, la XK120 C (C pour compétition), dont on construisit 11 exemplaires pour l'usine et 43 pour des pilotes privés. Le châssis est une structure tubulaire, la direction à circulation de billes est remplacée par une crémaillère, les freins sont beaucoup plus gros, le réservoir d'essence voit sa capacité presque triplée avec 181 litres. Le poids de l'ensemble a perdu plus de 300 kg. Si les suspensions sont à peu de chose près identiques, le six-cylindres est complètement revu : arbres à cames spéciaux, grosses soupapes, ressorts plus durs, gros carburateurs SU H8. Le taux de compression passe de 8 : 1 à 9 : 1, et la puissance de 180 à 210 ch, ce qui permet à la XK C de frôler les 240 km/h. La voiture remportera de très nombreux succès.

Ci-dessous : Cette radiographie de la voiture victorieuse au Mans en 1953 avec Rolt et Hamilton montre le robuste mais léger châssis en treillis tubulaire de la Type C.

Ci-dessous : La carrosserie aérodynamique de la Type C est due au crayon de Malcolm Sayer.

Ci-dessus : Le moteur six cylindres en ligne présente un aspect classique et net. Ce double-arbre eut une carrière de près de quarante ans.

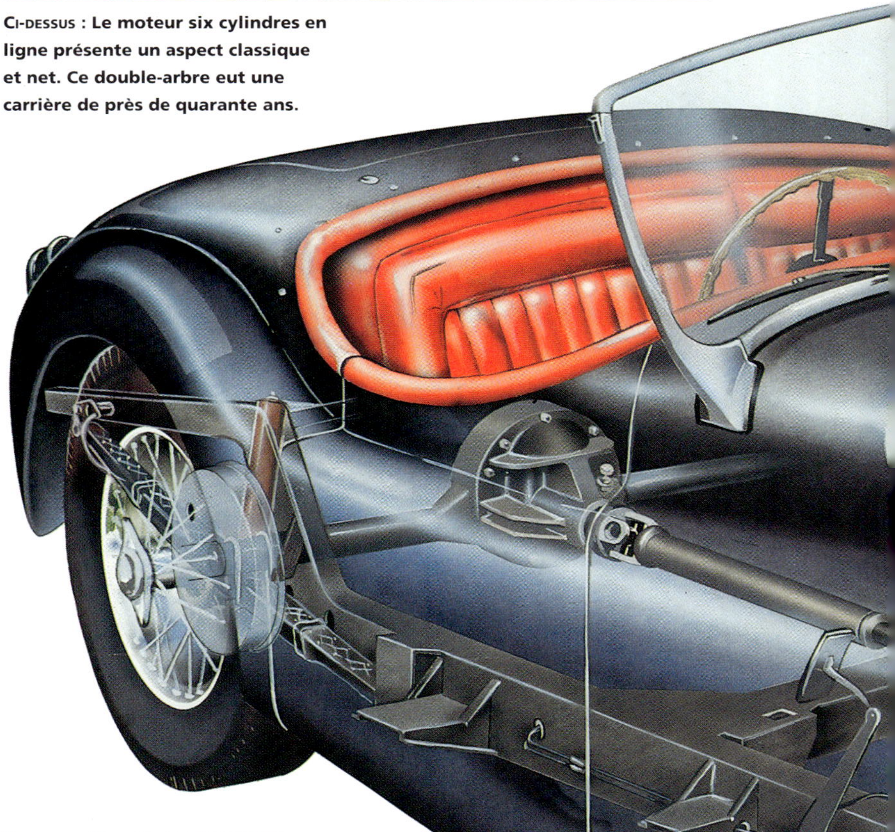

Ci-dessus : Comme la plupart des voitures de son temps, la XK120 possède un châssis simple, quoique bien entretoisé, du type « échelle ».

■ Moteur

Le six-cylindres 3,4 litres de la XK120 est un exemple parfait de ce qui a toujours fait la « spécialité » de Jaguar : une mécanique racée pour un budget restreint.

Incontestablement, le moteur XK est à l'origine du succès commercial de la marque, autant que responsable de la réussite des voitures en compétition. N'oublions pas que la base mécanique étudiée pendant la guerre fut utilisée jusqu'au début des années 80, avant d'être remplacée par le plus moderne groupe AJ 6.

Avec 3 442 cm^3, le nouveau groupe se révéla finalement plus important que prévu, mais il répondait parfaitement aux autres points du cahier des charges.

Son originalité essentielle était le dessin de la culasse, réalisée en alliage, comportant deux arbres à cames entraînés par chaîne actionnant de larges soupapes inclinées dans une chambre de combustion hémisphérique, l'ensemble assurant une « respiration » très efficace.

Avec des cotes de 83 mm x 106 mm, il possédait une longue course qui bénéficiait au couple. Le bloc est en fonte et le vilebrequin comporte sept paliers. A l'origine, il développait 160 ch à 5 000 tr/mn et un couple de 28,1 mkg à 2 500 tr/mn.

Sur la XK120, les modifications les plus importantes — souvent réservées à des options et autres équipements disponibles sur demande — furent un volant moteur allégé et une levée des soupapes plus haute, comme sur la version SE de 180 ch. Certains modèles furent même dotés d'une culasse Type C permettant d'atteindre 200 ch et plus…

A DROITE : **William Lyons mena les travaux de développement du nouveau moteur Jaguar avec une solide équipe dirigée par Bill Heynes, et comprenant Walter Hassan, Claude Baily, Dick Oats et Harry Weslake. C'était un moteur à double arbre à cames en tête, entraîné par chaîne et disposé dans une culasse en alliage léger qui proposait aussi des chambres de combustion hémisphériques. Les soupapes inclinées étaient de grand diamètre. Le vilebrequin tournait sur sept paliers. Cet ensemble de caractéristiques ne se retrouvait que sur des voitures de course…**

CI-DESSOUS : **Le moteur à longue course (83 mm x 106 mm) 3 442 cm³ de la XK120 délivrait à l'origine une puissance de 160 ch à 5 000 tr/mn pour un couple maximal de 28,1 mkg, obtenu à 2 500 tr/mn.**

CI-CONTRE : **L'élégant et léger pare-chocs avant en deux parties de la XK120 n'était pas très solide, surtout pour le marché américain qui absorbait la plupart des voitures. Il fut remplacé sur la XK140 de 1954 par un élément plus épais, moins gracieux.**

CI-DESSUS : **En plus de son moteur exceptionnel, la XK120 possédait une suspension avant novatrice en 1948, avec des roues indépendantes et des bras triangulés, ainsi que des amortisseurs télescopiques. La direction à circulation de billes de la XK120 fut remplacée par une crémaillère sur la XK140.**

JAGUAR TYPE C

• Les chefs-d'œuvre •

JAGUAR TYPE C

Dérivée de la XK120 de route, la XK120 C était plus qu'une simple adaptation à de nouvelles fonctions : châssis et carrosserie étaient totalement inédits, et le six-cylindres en ligne avait subi un traitement particulier. La Type C fut l'une des reines des épreuves ouvertes aux voitures de sport, remportant les 24 Heures du Mans en 1951, puis en 1953.

La fonction, dit-on, crée l'organe. La formule s'applique parfaitement à la Jaguar XK120 C (C pour « compétition »), plus communément dénommée Type C, ou C. En effet, les victoires déjà nombreuses de la XK120 de série dans les courses réservées aux voitures de sport de production courante font réfléchir certains responsables de la marque. Si la XK120 de série, moyennant quelques modifications de détail, est capable de gagner en compétition (douzième et quinzième places acquises aux 24 Heures du Mans en 1950), une version spécifiquement étudiée pour la course devrait être capable de lutter à armes égales avec les reines du moment : les Ferrari, les Talbot-Lago, les Aston Martin, les Gordini et les Mercedes.

Ci-contre : Cette voiture d'usine 1952 disputa, sans succès, les Mille Miglia aux mains de Leslie Johnson.

Reste à convaincre le patron, William Lyons. L'homme aime la compétition, mais il n'ignore pas que le jeu coûte cher. Willy Hassan, le concepteur du moteur six cylindres double arbre qui vient de débuter sur la XK120, et Bill Heynes emportent la décision. Il est vrai que le groupe propulseur en question ne nécessite qu'un minimum d'aménagements pour offrir une puissance et un couple suffisants face aux rivales de la XK120. Autour du moteur, il convient toutefois de revoir fondamentalement la voiture : elle doit être beaucoup plus légère et mieux profilée que le roadster XK120 destiné à la clientèle.

La XK120 C est donc bien davantage qu'une version course de la XK120 : châssis multitubulaire en acier, suspensions totalement différentes (utilisant notamment des barres de torsion à l'avant comme à l'arrière),

A gauche : Adrian Hamilton au volant de la Type C avec laquelle son père, Duncan Hamilton, remporta les 24 Heures du Mans en 1953 en compagnie de Tony Rolt. Le triomphe Jaguar fut alors complété par la deuxième place de Moss-Walker.

très fine carrosserie en alliage d'aluminium dessinée par Malcolm Sayer et testée en soufflerie. Ces travaux porteront leurs fruits : avec une puissance de 200 ch (210 ch avec le taux de compression de 9,0 : 1), le moteur de la Type C est d'une fiabilité remarquable. Mais il est loin d'offrir les valeurs annoncées par nombre des concurrentes potentielles de l'automobile. La C se rattrape donc tant dans le domaine de l'aérodynamique, gage d'une excellente pointe de vitesse, que dans celui d'un très bon équilibre général et dans la recherche de solutions techniques de pointe. C'est la C qui, en 1953, inaugure les freins à disque.

Reine des courses d'endurance

Le prototype est construit à partir de novembre 1950 en moins de sept mois, afin d'être prêt fin juin 1951 pour les 24 Heures du Mans. Au bout de cette course contre la montre, il y a la victoire d'une Jaguar C pilotée par Peter Walker et Peter Whitehead ! A plus de 150 km/h de moyenne, et avec 9 tours d'avance sur la Talbot de Meyrat-Mairesse. En 1952, toutefois, les Jaguar, pourtant uniques rivales affirmées des nouvelles Mercedes, paient par des problèmes de surchauffe du moteur une aérodynamique trop poussée empêchant l'air de circuler librement sous un capot rallongé.

En revanche, en 1953, grâce à un moteur plus puissant (utilisant notamment de modernes carburateurs Weber à la place des vieux SU) et, surtout, aux freins à disque développés avec Dunlop procurant à la Type C un pouvoir de ralentissement diaboliquement court et efficace, nouveau succès sarthois dû à Duncan Hamilton et à Tony Rolt, qui sont les premiers à atteindre 170 km/h de moyenne. Moss-Walker, deuxièmes, et Whitehead-Ian Stewart, quatrièmes, complètent un triomphe que la Jaguar Type D va renouveler en 1955, 1956 et 1957.

Si la carrière des Type C aux 24 Heures du Mans s'avère exceptionnelle, la voiture possède avec les 12 Heures de Reims un autre terrain de chasse privilégié.

L'aventure champenoise débute en 1952, non pas dans les 12 Heures, qui ne seront créées que l'année suivante, mais dans une course de 370 km. Bien que le tracé de Reims-Gueux soit au moins aussi rapide que le circuit de la Sarthe, la carrosserie modifiée qui échoua aux 24 Heures du Mans reste à l'atelier, l'ancien modèle reprenant du service.

C'est un modèle « client », celui de Tommy Wisdom, qui est confié à Stirling Moss. La voiture bénéficie d'une préparation soignée, héritant notamment des freins à disque. La Jaguar l'emporte sans coup férir. En 1953, cette fois dans l'épreuve toute nouvelle des 12 Heures, Moss et Whitehead récidivent, offrant à la Type C son deuxième triomphe français en vingt jours. Et si, en 1954, Wharton-Whitehead gagnent devant Rolt-Hamilton sur les nouvelles Jaguar D, la C des Belges Laurent-Swaters complète un triplé rémois d'anthologie... La Jaguar XK120 C a fait, en trois ans de carrière officielle, mieux que remplir sa mission...

Ci-dessus : Sous tous les angles, la ligne de la Type C reste d'une parfaite fluidité. Son efficacité aérodynamique était, en son temps, remarquable.

Ci-dessus : Adrian Hamilton tient fermement le volant cerclé de bois de l'automobile victorieuse au Mans en 1953.

Ci-contre : La huitième Jaguar Type C 1952 fabriquée. Pour les Mille Miglia en 1953, elle fut équipée d'un overdrive et de freins à disque, apparus cette année-là. Comme les autres C officielles engagées dans l'épreuve italienne, elle abandonna à la suite de problèmes de pont arrière. Ici, dans une course de voitures historiques, devant la Talbot-Lago victorieuse aux 24 Heures du Mans en 1950.

Ci-dessus : Cette Type C appartint, à l'origine, à l'excellent pilote américain Masten Gregory.

Ci-dessus, a droite : Cette voiture « privée » se classa honorablement dans le Grand Prix de Monaco des Voitures de sport en 1952, aux mains de Tom Wisdom.

En haut : La Jaguar C de Walker-Whitehead en route vers la victoire dans les 24 Heures du Mans en 1951, à 150,466 km/h de moyenne.

Au volant de la Type C : Un classique bolide de course

La C est une voiture de course typique de la vieille école : les portières sont symboliques et le cockpit est réduit à sa plus simple expression, avec tubes du châssis apparents et panneaux sans garniture. Le six-cylindres en ligne double arbre donne une impression de vigueur inépuisable dès que l'on appuie sur l'accélérateur.
La courbe de puissance et de couple demeure élevée pour un engin de plus de cinquante ans d'âge. La boîte de vitesses suit le mouvement, mais son maniement ne fait oublier ni la présence des pignons à taille droite, aux dents robustes, attaqués par le court levier de commande ni la dureté de l'embrayage. En ligne droite, avec un court rapport de pont, la Jaguar C atteint 100 km/h en un peu plus de 6 secondes, et il lui faut un peu plus de 20 secondes pour dépasser 160 km/h. La vitesse maximale, avec un pont plus long, s'établit à 232 km/h.
L'adhérence en virage demeure bonne et, en 1950, s'avérait excellente à condition de connaître le mode d'emploi de la machine, qui pouvait se révéler susceptible… Les freins à tambour, montés jusqu'en 1952, étaient déjà d'une redoutable efficacité. Les disques utilisés à partir de 1953 constituèrent un avantage décisif pour la voiture.

LA JAGUAR TYPE C ET SES RIVALES	Moteur	Cylindrée	Puissance	Couple	Vitesse maxi	0 à 100 km/h	Longueur	Empattement	Voie Av / Ar	Poids	Année de référence
Jaguar Type C	six-cylindres en ligne 2 ACT	3 442 cm^3	200 ch à 5 800 tr/mn	30 mkg à 4 000 tr/mn	232 km/h	8,1 s	3,988 m	2,438 m	1,295/1,295	1 016 kg	1952
Chevrolet Corvette	six-cylindres en ligne soupapes en tête	3 860 cm^3	155 ch à 4 200 tr/mn	30,2 mkg à 2 400 tr/mn	172 km/h	11 s	4,242 m	2,591 m	1,451/1,522	1 293 kg	1954
Jaguar Type D (XKSS)	six-cylindres en ligne 2 ACT	3 442 cm^3	250 ch à 6 000 tr/mn	32,4 mkg à 4 000 tr/mn	240 km/h	5,2 s	3,912 m	2,286 m	1,290/1,239	1 012 kg	1957
Jaguar XK120 SE	six-cylindres en ligne 2 ACT	3 442 cm^3	180 ch à 5 300 tr/mn	29,3 mkg à 4 000 tr/mn	195 km/h	12 s	4,394 m	2,591 m	1,295/1,270	1 378 kg	1953
Mercedes 300SL	six-cylindres en ligne ACT	2 996 cm^3	240 ch à 6 100 tr/mn	30 mkg à 4 800 tr/mn	217 km/h	8,8 s	4,524 m	2,387 m	1,384/1,435	1 293 kg	1955

La Jaguar Type C à la loupe

La Jaguar XK120 de série s'était montrée si brillante dans les compétitions en 1950, en particulier aux 24 Heures du Mans, que ces résultats incitèrent la firme à étudier une version spécifiquement destinée à la course : la XK120 C, plus connue sous le nom de Type C. Si elle utilisait le même six-cylindres en ligne double arbre 3,4 litres poussé à 200 ch que la XK120, la Type C proposait en revanche un châssis-cage tubulaire plus sophistiqué et allégé, et une carrosserie en alliage d'aluminium infiniment plus aérodynamique. Sa principale mission, dont elle s'acquitta en 1951 puis en 1953, était de gagner au Mans.

Ci-dessus : Bien que la XK120 C fût la version course de la XK120 de route, les styles des deux voitures présentaient peu de points communs.

Ci-dessus : Les phares étaient placés sous un carénage en Plexiglas. Les feux arrière (à droite) sont minuscules.

Ci-dessus : Plus large et moins haute que celle de la XK120, la grille de calandre restait typiquement Jaguar.

Ci-contre : Le grand bouchon de remplissage du réservoir permettait des ravitaillements rapides.

■ Style

Son aérodynamique particulièrement soignée joua un rôle prépondérant dans les succès sportifs de la Jaguar C. Face aux Ferrari, aux Talbot ou aux Maserati, elle compensait une puissance relativement modeste par un coefficient de pénétration dans l'air bien étudié en soufflerie par Malcolm Sayer. La silhouette basse, élancée, avec les ailes totalement intégrées, avait peu de points communs avec celle de la XK120 originelle. L'ouverture de la calandre était réduite au strict minimum, les phares prenant place sous des visières en Plexiglas. Les doubles échappements longeaient les bas de caisse et débouchaient juste avant les passages de roue arrière.

Le pare-brise variait en fonction des besoins, allant d'un écran de Plexiglas courant sur toute la largeur de la voiture au simple « saute-vent » placé devant le pilote, configuration utilisée en corrélation avec la présence, pour recouvrir la place du passager, d'un « tonneau cover » rigide. La carrosserie était entièrement en tôle d'aluminium léger. Afin de faciliter les interventions sur la mécanique, toute la partie avant, aile et capot, basculait d'une pièce, et l'ensemble de l'arrière s'enlevait en un instant.

■ Les voitures de 1953

Les 3 voitures construites spécialement pour les 24 Heures du Mans en 1953 furent les dernières Type C. Elles différaient des précédents modèles par un certain nombre de modifications. Jaguar n'avait pas retenu la solution aérodynamique de l'allongement du « nez » et de l'arrière de la voiture, et, sous un aspect quasi identique au modèle de 1951, la C offrait nombre de nouveautés : la carrosserie était plus légère et le châssis pesait lui aussi moins lourd, ce qui permettait de gagner environ 50 kg ; la suspension arrière possédait un meilleur système de guidage de l'essieu ; enfin, le 3,4-litres, grâce à des soupapes d'admission plus grandes et à une batterie de trois carburateurs double corps Weber, délivrait davantage de puissance. L'embrayage à disque simple était remplacé par un tridisque Borg & Berck. Mais la nouveauté majeure demeurait l'adoption de freins à disque développés conjointement par Jaguar et Dunlop. Cet équipement, dont Jaguar fut l'incontestable pionnier, procura un avantage décisif à la Type C.

Ci-dessus : La légère carrosserie aérodynamique de la C était une simple « peau » recouvrant le châssis.

Ci-dessous : Derrière le pare-brise, deux « saute-vent » protégeant les occupants pouvaient être relevés.

Ci-contre : Les voitures d'usine de 1953 furent équipées de trois carburateurs double corps Weber.

Ci-dessous : En 1952, l'adoption des freins à disque procura à la C un avantage décisif sur ses rivales.

Ci-contre : La version 1953 proposait un châssis plus léger à l'avant et une carrosserie encore allégée.

Châssis et transmission

Beaucoup plus complexe que le châssis-poutre de la XK120, le châssis multitubulaire de la C s'approchait d'un véritable treillis tubulaire. Les tubes étaient disposés longitudinalement et transversalement, au niveau du plancher, d'autres étant placés au-dessus, le tout relié par un réseau de tubes plus petits. Le haut tunnel central servait de renfort en rejoignant le tableau de bord en panneaux soudés, formant une structure très rigide. A l'arrière, le châssis se terminait par une cloison inclinée, juste devant la suspension. Le système comportait une unique barre de torsion transversale passant dans la traverse tubulaire inférieure. Des bras tirés reliaient les porte-moyeux à cet ensemble. Les modèles de 1951 et de 1952 étaient équipés de freins à tambour, et une direction à crémaillère remplaçait le système à recirculation de billes de la XK120.

Moteur

Le six-cylindres en ligne à longue course, coiffé d'une culasse à deux arbres à cames en tête entraînés par chaînes, possédait deux soupapes inclinées par cylindre disposées autour de la bougie centrale, sur des chambres de combustion hémisphériques.
Le bloc était en fonte, la culasse en alliage léger. Comme sur la XK120, le groupe offrait une cylindrée de 3 442 cm^3 (83 mm x 106 mm). Quelques modifications apparurent sur la Type C : soupapes et conduits d'échappement agrandis, cames offrant une levée plus importante, ressorts de soupapes plus fermes permettant d'obtenir des régimes plus élevés et montage d'un allumage à deux bobines.
On conserva le graissage par carter humide et les deux carburateurs horizontaux SU. La puissance était de 200 ch à 5 800 tr/mn, contre 160 ch à 5 000 tr/mn pour la XK120. La version de 1953, dotée de trois carburateurs Weber double corps et de grandes soupapes d'admission, offrait 220 à 230 ch.

Ci-dessous : Un volumineux tunnel central recouvrait la boîte de vitesses et l'arbre de transmission.

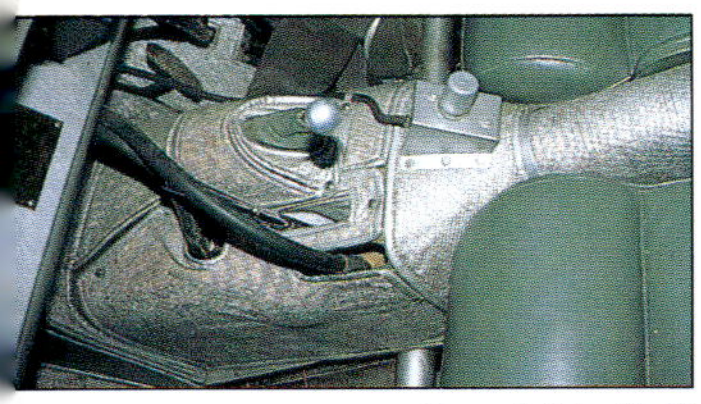

Ci-dessous : La suspension avant comportait de classiques triangles superposés, assistés par des barres de torsion remplaçant les ressorts hélicoïdaux.

Ci-dessus : La présence des deux carburateurs SU indique que ce moteur est celui d'une C de 1951-1952.

Ci-dessous : Le pont arrière rigide était guidé par deux bras tirés inférieurs actionnant des barres de torsion, avec un unique bras radial supérieur.

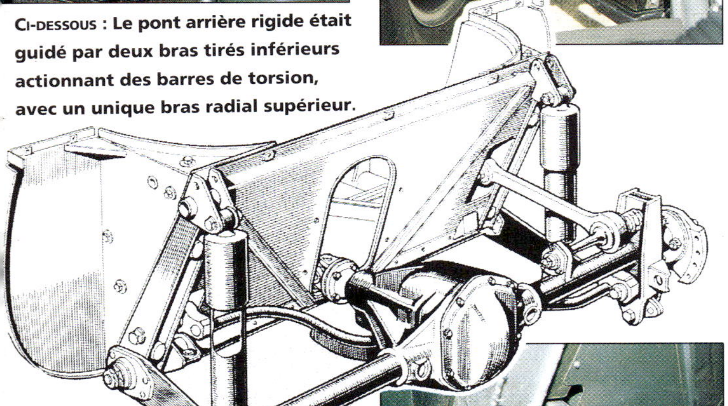

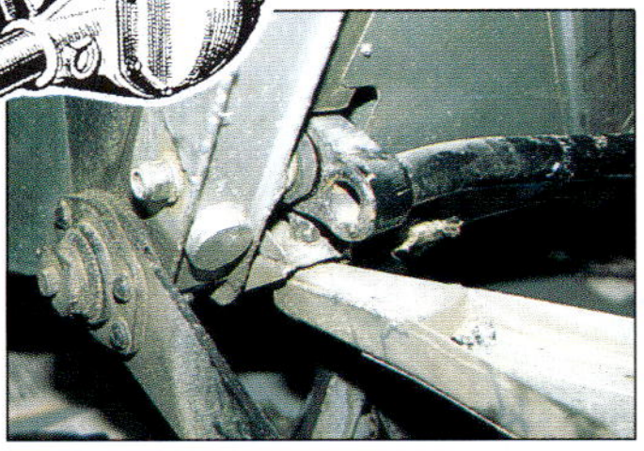

Ci-dessus : Détail du montage du bras tiré inférieur, avec le massif étrier du frein à disque Dunlop (à gauche).

Ci-dessous : Le châssis en tubes d'acier de la Type C était plus complexe et beaucoup plus léger que celui de la XK120 de série.

Ci-dessus : La carrosserie continue très en avant du radiateur droit, afin d'obtenir le meilleur profilage possible. Le grand frein à disque est immédiatement derrière la roue à rayons (à droite).

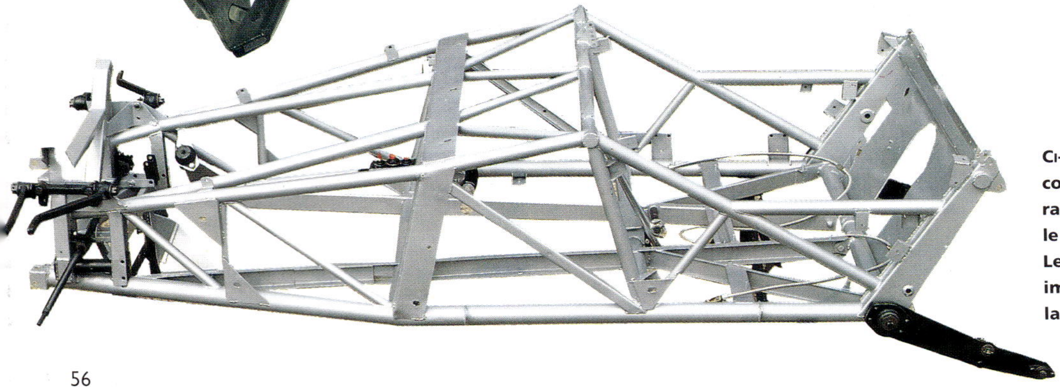

Ci-dessus : L'accessibilité à la mécanique était excellente, tout l'avant de la voiture basculant pour la dégager. L'échappement comportait deux collecteurs « trois-en-un » en fonte, qui débouchaient dans deux tuyaux sortant sur le côté gauche de la voiture.

Ci-dessous : Le six-cylindres en ligne à double arbre à cames en tête XK comportait un bloc en fonte, une culasse en alliage léger et des chambres de combustion hémisphériques. Ce « longue course » (83 mm x 106 mm) de 3 442 cm^3 délivrait 200 à 210 ch.

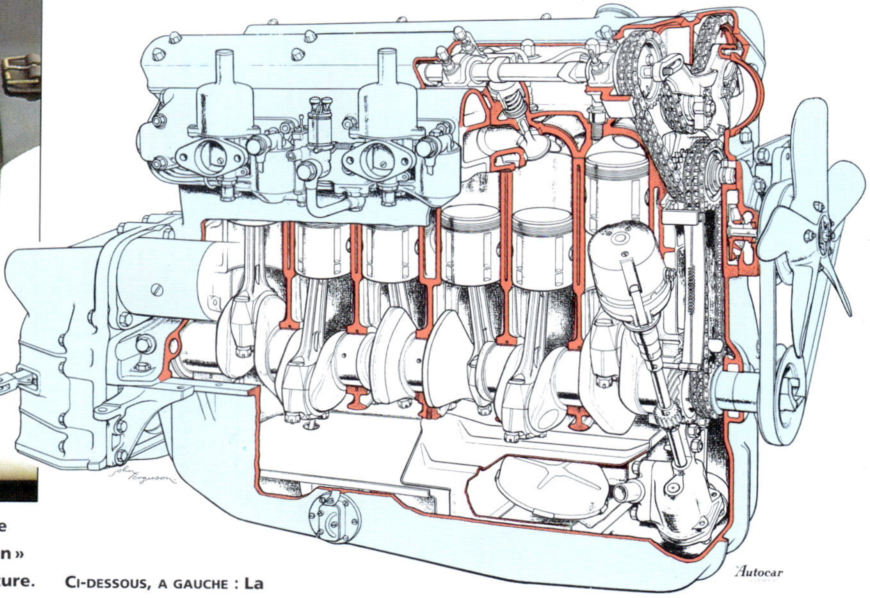

Ci-dessous, a gauche : La traverse supérieure du châssis supportait la colonne de direction.

Ci-dessous, a gauche : Un « tonneau cover » en toile (ou, dans certains cas, en tôle d'aluminium) recouvrait la place du passager lorsque celle-ci n'était pas occupée.

Ci-dessus : Afin d'éviter tous risques de rupture due aux vibrations, les parties supérieure et centrale des sorties d'échappement comportaient des sections flexibles. Les plus importants longerons du châssis se trouvaient entre moteur et habitacle, assurant la plus grande rigidité possible.

Ci-contre : Si les ailettes des « papillons » de fixation centrale des roues demeuraient, la carrosserie conçue par Malcolm Sayer était une parfaite réussite aérodynamique.

JAGUAR TYPE D

• Les chefs-d'œuvre •

JAGUAR TYPE D

Incontestablement, la Jaguar XKD a reçu une mission quasi unique : remporter les 24 Heures du Mans, la plus grande, la plus célèbre course d'endurance du monde. Trois victoires consécutives, acquises de 1955 à 1957, lui ont donné quitus de ce mandat...

Un souvenir de jeunesse, authentique à défaut d'être dûment homologué... Une soirée estivale, fin juin ou début juillet, douce et parfumée, comme il n'en existe plus que dans la mémoire, à l'âge où tous les soirs se ressemblent. Un immeuble au bord de la nationale 6, quelque part entre Paris et Lyon, car nous sommes au temps d'avant déviations, voies de contournement et autoroutes, quand la voie royale traverse le cœur des villes.

Sur un balcon, un adolescent plus volontiers enclin à identifier une automobile qu'à déchiffrer le latin. Et, soudain, ces bolides bleu nuit frappés d'énormes ronds blancs qui passent en feulant puis, sur un double coup de gaz envoûtant, disparaissent au carrefour : nous sommes en 1957, c'est vers le lointain circuit de Monza que foncent, au crépuscule, deux Jaguar D...

Véritablement aérodynamique

En ce temps-là, les voitures de sport taillées pour la course n'hésitent pas à affronter la route de M. Tout-le-Monde. Et les Jaguar D failliront rarement à une règle qui est, du côté de Coventry, absolument institutionnelle !

Il faut dire que la XKD, qui a tout naturellement succédé en mai 1954 à la XKC – elle-même version compétition de la XK120 de série, tout se tient –, est une automobile entièrement vouée à l'endurance. Voiture de course sans doute, mais également construite pour rouler longtemps, sachant rester sur la chaussée et s'arrêter autrement qu'à l'aide des « bacs à sable » qui garnissent (déjà) les abords des terribles virages du Tertre rouge ou de Mulsanne...

De la Type C, la jeune D reprend l'essentiel de la partie mécanique, du volumineux six-cylindres double arbre de 3 440 cm^3 au pont arrière rigide en passant par les suspensions à barres de torsion. Mais on aurait tort de voir en elle une C remise au goût du jour. A l'inverse, si son traditionalisme technique est évident (néanmoins, les freins à disque...), son châssis monocoque extrêmement rigide et léger, sa carrosserie aux courbes suggestives en font une machine

Ci-contre : Superbement dessinée, la Jaguar XKD fit ses débuts en course lors des 24 Heures du Mans en 1954 et remporta sa première victoire quelques semaines plus tard dans les 12 Heures de Reims.

Ci-dessus : Mike Hawthorn précède Fangio sur le circuit du Mans, en juin 1955. La voiture est en route pour la victoire, premier des 3 succès de la Type D dans les célèbres 24 Heures.

très moderne. En réalité, si ce n'était les suspensions « classiques », on pourrait même parler d'avant-garde : en témoigne, outre le châssis original et l'utilisation des freins à disque Dunlop, son étude aérodynamique effective et poussée. Confiés à un transfuge de l'industrie aéronautique, Malcolm Sayer, la conception et le dessin de la carrosserie sont probablement les premiers à tenir réellement compte de paramètres qui sont aujourd'hui parfaitement maîtrisés, mais que les voitures des années 50 – fussent-elles les plus sportives – ignorent superbement. Ou, au mieux, abordent empiriquement.

Tout pour les 24 Heures du Mans !

Une preuve tangible du bilan aérodynamique favorable de la voiture réside dans la comparaison de quelques données chiffrées : d'une part, une vitesse de pointe proche de 280, voire 290 km/h, d'autre part la puissance disponible du 3,4-litres (le moteur de loin le plus courant sur les Type D), à savoir 245 à 250 ch, tout au plus 270 ch sur les voitures les plus abouties. Avec 930 kg à emmener, nous sommes loin des rapports poids-puissance revendiqués par les Ferrari et Maserati concurrentes.

C'est que, chez Jaguar, la catégorie Sport n'a d'intérêt qu'en fonction des épreuves de fond, dites d'endurance, et plus spécialement des prestigieuses 24 Heures du Mans. Bien avant les autres, sir William Lyons et « Lofty » England, directeur sportif de la marque, comprirent qu'un succès dans la Sarthe ferait plus de bruit qu'un titre mondial !

La Jaguar D est donc fabriquée, sur mesure, pour la grande classique mancelle. Sa pointe de vitesse lui permet d'avaler la longue ligne droite des Hunaudières à grande allure ; son freinage supérieur lui fait gagner un temps considérable lors des violents et nombreux ralentissements qui jalonnent le tracé du Mans. Lequel, pour le reste, ne pénalise pas un comportement routier parfois aléatoire, conséquence des suspensions archaïques du véhicule. La robustesse à toute épreuve du « six-en-ligne » fait le reste...

C'est bien calculé : si, en 1954, Jaguar manque de fort peu la victoire, Rolt et Hamilton terminant à quelques secondes de la Ferrari 375 SP « Plus » de Trintignant-Gonzales (4,9 litres et 350 ch !), Hawthorn-Bueb l'emportent en 1955 : triste victoire, acquise dans une course marquée par une terrible catastrophe, mais victoire tout de même... Bueb récidive en 1957, associé cette fois à Ron Flockhart qui, entre-temps, a gagné en 1956 avec Ninian Sanderson.

Lors de ces deux derniers succès, la D victorieuse porte la livrée bleu nuit à parement blanc de l'écurie Écosse. Les 24 Heures du Mans en 1957 constituent, pour notre héroïne, l'heure du triomphe absolu, puisque 4 voitures prennent les quatre premières places. Confirmant cette vocation de dure à cuire dès que l'horloge entre en jeu, la Jaguar D ajoute à son palmarès 2 victoires (1954 et 1956) dans les 12 Heures de Reims, et un succès en 1955 aux 12 Heures de Sebring, la dernière des « Trois Glorieuses de l'endurance » de l'époque.

Ci-dessus : Véritable cabriolet, avec pare-brise et capote, la XKSS apparue en 1957 se voulait la version civile de la D. Seuls 16 exemplaires, sur le petit nombre construit, échappèrent à l'incendie de l'usine de Coventry.

En haut : La Type D était (et reste) belle sous tous les angles. Celui-ci fut souvent le seul que les concurrents des Jaguar eurent le loisir de contempler…

Page précédente, en bas : Grâce à un aérodynamisme poussé et à la puissance du moteur XK travaillé, la vitesse de pointe frôlait les 290 km/h.

Au volant de la Type D : Une civilité confondante

Le cockpit est celui d'une voiture de course, étroit, encombré d'un énorme tunnel de transmission et d'un immense volant. Mais toutes les commandes sont douces et efficaces.
Dans le trafic urbain, cette « reine de la piste » est d'une civilité confondante : la docilité, la souplesse et la maniabilité dont elle fait preuve à faible allure se retrouvent, intactes, sur les petites routes sinueuses, où il convient alors de composer avec la fermeté des suspensions et l'extrême dureté des pneus « racing » des années 50… On remarque aussitôt la puissance de freinage procurée par les quatre disques, la précision de la direction et, surtout, un comportement général d'une étonnante efficacité.
Le meilleur reste cependant à venir : le moteur, si rond à bas régime mais répondant à la moindre sollicitation. Avec un rapport de pont adapté à un usage routier, il faut moins de 5 secondes pour atteindre les 100 km/h, et les automobiles prévues pour Le Mans atteignaient près de 290 km/h dans la ligne droite des Hunaudières. Conduire une Jaguar D aujourd'hui, c'est comprendre à quel point elle était, hier, une référence…

LA JAGUAR D ET SES RIVALES	Moteur	Cylindrée	Puissance	Couple	Vitesse maxi	0 à 100 km/h	Longueur	Empattement	Voie Av / Ar	Poids	Nombre d'exemplaires produits
Jaguar Type D-XKSS	six-cylindres en ligne 2 ACT	3 442 cm³	250 ch à 6 000 tr/mn	33 mkg à 4 000 tr/mn	245 km/h	5,2 s	3,912 m	2,286 m	1,270/1,219	1 010 kg	72
Aston Martin DB3S	six-cylindres en ligne 2 ACT	2 922 cm³	160 ch à 5 500 tr/mn	25,1 mkg à 4 000 tr/mn	225 km/h	6,6 s	3,932 m	2,210 m	1,245/1,245	1 005 kg	NC
Ferrari 750 Monza	quatre-cylindres en ligne 2 ACT	2 999 cm³	260 ch à 6 500 tr/mn	NC	260 km/h	NC	3,937 m	2,250 m	1,270/1,283	775 kg	33
Maserati Tipo 57	V12 4 ACT	3 495 cm³	335 ch à 9 000 tr/mn	NC	300 km/h	NC	4,100 m	2,310 m	1,297/1,250	770 kg	NC
Mercedes 300 SL « Papillon »	six-cylindres en ligne ACT	2 996 cm³	240 ch à 6 100 tr/mn	22,1 mkg à 4 800 tr/mn	217 km/h	8,8 s	4,524 m	2,387 m	1,384/1,485	1 283 kg	1 400

La Jaguar Type D à la loupe

Apparue au début de l'année 1954, la Jaguar Type XKD – puisque telle était sa dénomination officielle – était entièrement nouvelle. Le châssis monocoque complété par une structure tubulaire avant et la carrosserie très enveloppante avec le capot incluant les ailes, offrant un coefficient aérodynamique d'une rare efficacité (sans parler de l'esthétique, qui a beaucoup fait pour le succès d'estime de la Type D), étaient totalement inédits. En revanche, la partie mécanique, du moteur six cylindres double arbre aux suspensions en passant par les freins à disque, était directement héritée de la Type C.

CI-DESSUS : La voiture gagnante des 24 Heures du Mans en 1955 soutint sans problème une vitesse moyenne de 172 km/h.

CI-DESSUS : Si la réglementation exigeait la présence de deux sièges, seul le pilote avait droit à un pare-brise, du moins jusqu'en 1955.

■ Aérodynamisme

La Jaguar D fut l'une des premières voitures au monde à exploiter les connaissances aérodynamiques acquises en particulier dans le domaine de l'aéronautique.
La structure même de la D, avec la partie centrale monocoque, le carter sec permettant d'incliner le moteur et donc d'abaisser la ligne du capot ou encore le radiateur en deux parties, tout ceci permit à l'ingénieur Malcolm Sayer, transfuge de chez Bristol, de concevoir en soufflerie une carrosserie très fluide. Capot avant et ailes d'une seule pièce, avec petite ouverture ovale pour le refroidissement, phares carénés, pare-brise très enveloppant qui, dans un premier temps, ne protégeait que la place du pilote, dérive pouvant remodeler le dessin de l'appui-tête... ; même le rétroviseur était soigneusement profilé et, sur les dernières versions, l'échappement latéral fut supprimé pour passer sous la voiture.

CI-DESSUS : Alors que l'avant était rallongé, la dérive arrière courait jusqu'à l'extrémité de la voiture.

CI-DESSUS : Même les échappements latéraux comportaient un carénage spécialement étudié pour favoriser l'écoulement de l'air.

CI-CONTRE : Le capot d'une seule pièce, avec les phares carénés.

CI-DESSUS : Cette Type D de 1955 engagée au Mans porte les couleurs de l'écurie de Briggs Cunningham.

CI-DESSOUS : La dérive installée sur l'appui-tête donnait davantage de stabilité à la voiture.

■ Châssis

Le châssis de la Jaguar D, qui devait beaucoup à l'aéronautique, était en avance sur son époque, avec une structure centrale monocoque, légère, robuste et compacte. Dans la Type D, l'habitacle était réalisé en tôle d'alliage de magnésium rivetée : deux logements y étaient ménagés pour la place réservée au pilote et celle destinée à l'éventuel passager, de part et d'autre de l'imposant tunnel abritant la transmission. A l'avant, un faux châssis tubulaire accueillait le moteur et les éléments de suspension. Ce bâti se prolongeait vers l'arrière et rejoignait un autre faux châssis supportant la suspension et le pont arrière, ainsi que le volumineux réservoir d'essence et le logement de la roue de secours. L'ensemble moteur-boîte, monté très en arrière, ne nécessitait qu'un court arbre de transmission.

Ci-dessous : Le large et court cockpit central comportait deux orifices donnant accès aux sièges du pilote et de l'éventuel passager.

■ Moteur

A l'apparition de la Type D, puis sur les modèles livrés à la clientèle, le moteur de base était le 3,4-litres à bloc fonte et culasse en alliage directement issu de la X120, via la Type C. Toutefois, ce groupe bénéficiait d'un graissage à carter sec, de soupapes d'admission plus grandes, d'un arbre à cames plus précis au niveau des levées et d'un collecteur d'échappement inédit. Ainsi, alimenté par trois carburateurs Weber double corps, il délivrait environ 30 ch de mieux que les meilleurs moteurs de la Type C, soit 250 ch environ.

Cette mécanique évolua considérablement au cours de sa carrière : en 1955, la voiture gagnante au Mans utilisait une culasse comportant des soupapes encore agrandies et des lois d'arbre à cames revues, qui faisaient passer la puissance à 270-280 ch. En 1956, Jaguar essaya un système d'injection mécanique Lucas, mais la majorité des Type D conservèrent les trois carburateurs Weber. (Ici, réplique de 1980.)

Ci-dessous : Le six-cylindres reposait sur un robuste faux châssis en tubes de section carrée se prolongeant à l'intérieur de la coque.

Ci-dessous, à droite : Le moteur était installé très en arrière dans le châssis, ce qui contribuait à une excellente répartition des masses.

■ Train roulant

Dans sa définition compétition, qui fut la plus courante, la Jaguar D était un heureux mélange d'avant-gardisme et de conservatisme. Hormis le châssis et la carrosserie, la plupart des éléments constituant la voiture avaient été largement éprouvés sur la Type C, telles la suspension avant, constituée de triangles superposés avec combinés ressort-amortisseur télescopique et barres de torsion longitudinales ou, à l'arrière, la fidélité au système du pont rigide Salisbury maintenu en haut comme en bas par des bras tirés, avec une suspension à barre de torsion. Depuis que Jaguar les avait expérimentés en 1952, les freins à disque Dunlop faisaient l'originalité des voitures de Coventry. Pour obtenir une répartition plus favorable aux freins avant, ceux-ci bénéficiaient d'étriers à trois pistons, contre deux pistons pour les freins arrière.

Ci-dessous : Pour la suspension arrière, Jaguar demeura fidèle à un essieu rigide maintenu par des bras tirés supérieurs et inférieurs, avec un bras central affectant la forme d'un « A » et une barre de torsion transversale.

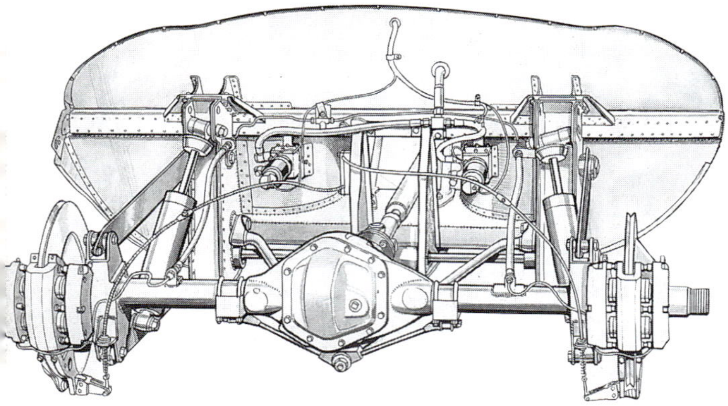

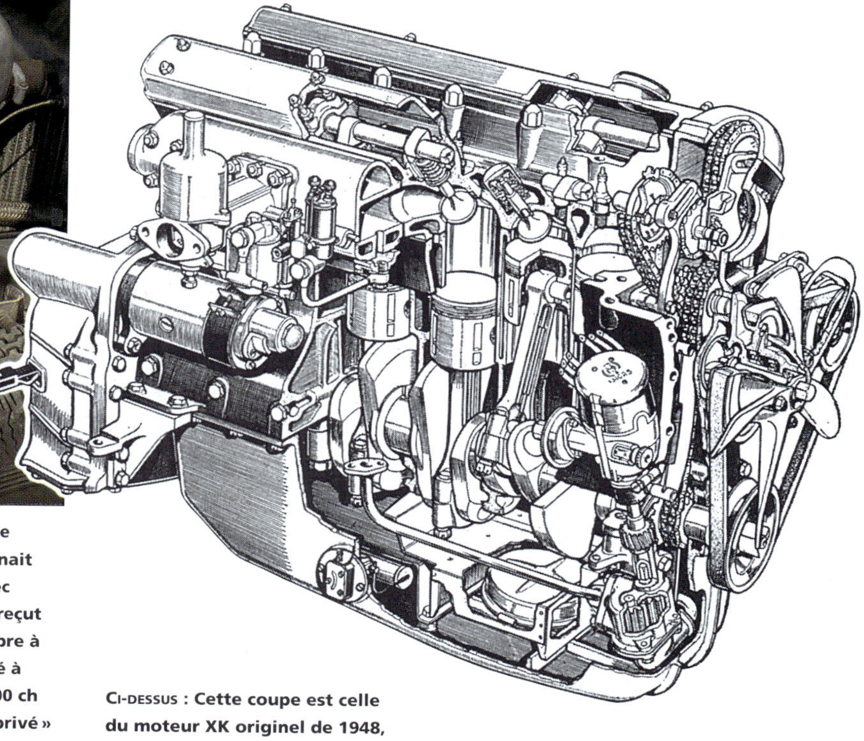

Ci-dessus : Le « six-en-ligne » double arbre, héritier de la XK120, provenait tout droit de la XKC 3,4 litres, avec trois carburateurs. Par la suite, il reçut des soupapes plus grandes, un arbre à cames spécial, puis fut enfin porté à 3,8 litres. Ce moteur de plus de 300 ch fut expérimenté en 1957 par le « privé » américain Briggs Cunningham.

Ci-contre : Doté de trois Weber double corps, le moteur de 3,4 litres délivrait 250 à 270 ch. L'absence de carter indique l'adoption d'un système de graissage dit « à carter sec ».

Ci-dessus : Cette coupe est celle du moteur XK originel de 1948, muni de deux carburateur SU. Les mécaniques des Types C et D en étaient des versions améliorées, donc beaucoup plus performantes, mais en conservaient la base.

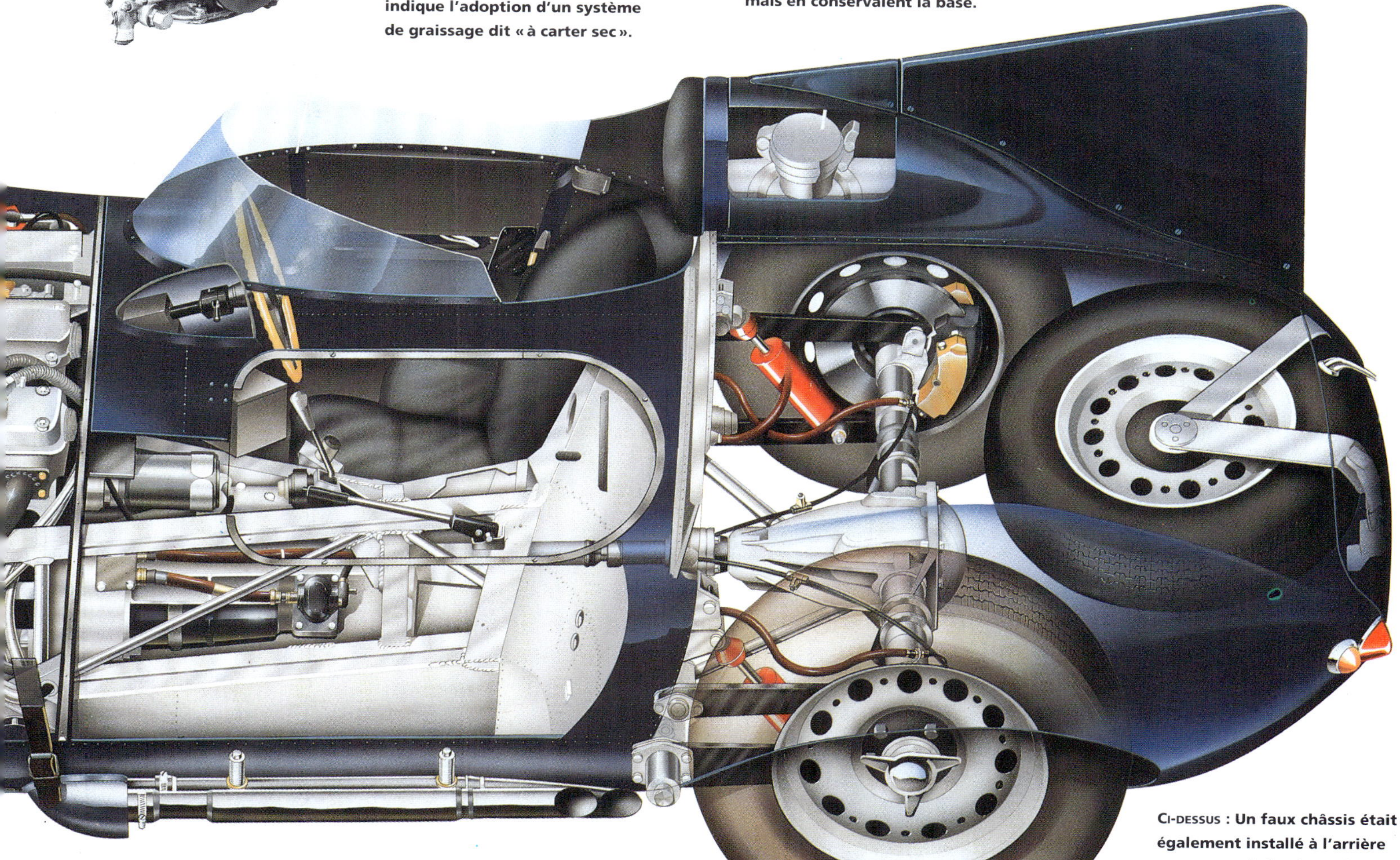

Ci-dessus : Les traverses du bâti tubulaire avant faisaient saillie dans la partie centrale du châssis, traitée en monocoque. Les roues Dunlop à papillon central, en alliage léger, étaient d'un modèle spécifique et original. Jaguar les considérait comme plus robustes et plus efficaces que les classiques roues à rayons.

Ci-dessus : Un faux châssis était également installé à l'arrière pour recevoir le réservoir d'essence et le logement de la roue de secours. Les supports de suspension étaient fixés à l'arrière du pont rigide.

JAGUAR TYPE E

• Les chefs-d'œuvre •

JAGUAR TYPE E

A l'orée des années 60, décennie pendant laquelle l'automobile s'est épanouie, la Jaguar Type E apparut comme un véritable phénomène. Suprêmement belle, capable d'atteindre 240 km/h, elle a constitué LA référence sportive et symbolisé à elle seule le plaisir de conduire.

Lorsqu'elle apparut en 1961, la Jaguar E fit sensation. Époustouflante, rapide, au look sensuel, la Type E devint un symbole des « swinging sixties », comme les Beatles et la mini-jupe. Parachevant l'influence de la culture britannique sur l'Europe, elle permettait d'accéder à un authentique plaisir automobile pour un prix relativement peu élevé, ce qui la mettait à la portée d'un grand nombre. Elle alliait performances, style et côté pratique, pour un coût assez modéré.

Au début des années 60, la marque anglaise venait de remporter cinq fois les 24 Heures du Mans mais avait besoin d'une remplaçante pour la XK, qui commençait à dater. Quand la décision fut prise de renouveler ce modèle, on fit appel à Malcom Sayer, un homme d'avant-garde. De son passé aéronautique, il avait gardé quelques principes. Ayant dessiné la Type C, qui présentait une ressemblance avec la XK, il se chargea de la nouvelle voiture.

En 1953, Sayer dessina un prototype de « Type E », avec huit ans d'avance. Avec son « boss » Heynes, il définit une monocoque influencée par l'Alfa Romeo Disco Volante. Ce prototype évolua en « Type D », qui gagna devant des rivales comme Ferrari en grande partie grâce à sa forme aérodynamique.

Mais la compétition coûtait cher et, après le terrible accident du Mans en 1955, les voitures de course ne durent plus excéder trois litres de cylindrée. Jaguar décida donc de créer une automobile capable de gagner en course, mais aussi de se montrer bonne routière. Sayer comprit vite que la Type E ne pourrait être qu'une routière.

Au départ, on ne devait construire qu'une décapotable. Mais Blake, autre collaborateur de Sayer, prit certains composants et les adapta sur une structure « fastback ». William Lyons passa par là... Un silence s'ensuivit, ponctué par un simple : « OK. Construisons-la ! »

A GAUCHE : Les performances de la Type E, incroyables dans les années 60, encore impressionnantes aujourd'hui, devaient beaucoup aux formes aérodynamiques dessinées par Malcom Sayer. Les Roadster Série I, comme celui-ci, peuvent dépasser, une fois capotés, 225 km/h.

A DROITE : La Type E inaugura une nouvelle période des années 60. Elle donne une impression de vitesse, de liberté et de confiance — totalement à l'opposé du contexte maussade des années 50.

Aux Salons de Genève et de New York, la Type E éclipse toutes les autres

La Type E fut présentée en mars 1961 au Salon de Genève. Réaction étonnante. Des vedettes de cinéma la commandèrent aussitôt. A l'extérieur, les clients se battaient pour essayer les deux voitures de démonstration. En Grande-Bretagne, l'effet fut confirmé par des essais, où la Jaguar E atteignit 240 km/h. Les journalistes ne tarissaient pas d'éloges sur elle.

Les performances, bien réelles, étaient associées à une extraordinaire docilité. La tenue de route était parfaite, grâce à la suspension arrière, dessinée par Knight, et le niveau de confort supérieur à la moyenne de ce type de voiture. Le style était stupéfiant et le prix vraiment bas : la moitié de celui d'une Aston Martin et le tiers de celui d'une Ferrari.

Au volant de la Type E : La magie du long capot

La première chose qui frappe dans la Jaguar Type E, c'est la longueur de son capot. La vue est agréable, mais le confort des sièges n'est pas le nec plus ultra. Avec son parfum de cuir, ses cadrans analogiques et son ronronnement rauque, la Type E est pleine de promesses.
La puissance arrive progressivement, tout en souplesse. Rapide en ligne droite, la voiture accélère vivement, monte jusqu'à 160, voire 225 km/h et, en pressant à fond la pédale de droite, on voit le capot se soulever sous l'effet de l'accélération.
Revers de la médaille, la Jaguar se laisse aller à des « figures de style » lors de coups de frein brusques ! Le freinage s'est progressivement amélioré au fil des ans, restant délicat sur les premiers modèles, malgré les freins à disque. En fait, rouler vite en Type E était facile. Stopper la voiture l'était nettement moins...
Les premières Type E arboraient une forte personnalité, mais celle-ci s'est atténuée avec l'apparition du V12. Leur accélération silencieuse, leur direction assistée et leur boîte de vitesses automatique avaient rendu les modèles de la Série III un peu trop souples... Ils atteignaient quand même 225 km/h, ce qui restait, il faut le reconnaître, plus qu'honorable.

CI-DESSOUS : Les phares non carénés prouvent qu'il s'agit d'une Série II, motorisée par la plus grosse version du six-cylindres double arbre, le 4,2-litres. Les roues alliage de ce modèle ne sont pas d'origine.

Sa construction monocoque était très en avance. Ses seuls défauts étaient ses freins, sa boîte manuelle archaïque et ses sièges inconfortables. En avril, lorsque quatre exemplaires furent dévoilés au Salon de New York, ce fut du délire et le stand fut envahi par la foule. Au milieu des 400 modèles exposés, la Type E était la star du Salon.

Le marché le plus important de la Type E fut, bien entendu, celui des États-Unis. Même en 1962, on en voyait peu en Angleterre. En 1961, les rares exemplaires produits étaient vivement disputés. La Type E n'était pas uniquement un nouveau genre esthétique, et Graham Hill le prouva immédiatement en remportant la victoire devant une Ferrari et une Aston, pour la première course de la Type E !

En 1964, des changements apparurent. Le 4,2 remplaça le 3,8. Les opinions varient sur les mérites de ces deux moteurs, mais le 4,2 donnait plus de couple. Les freins, la boîte et l'intérieur furent eux aussi modifiés. En 1966, la gamme fut complétée par la « 2+2 », plus pratique bien que moins élégante, mais en 1967, la législation américaine s'acharna sur la Type E. La solution fut trouvée avec la Série 11/2, juste avant les modifications des Série II. Moins stylisées, les série II étaient plus « civilisées » et le modèle se vendit bien aux États-Unis, car il était doté de l'air conditionné.

A la fin des années 60, la Type E avait besoin d'une nouvelle image et de perfor-

mances pour maintenir son statut. La réponse fut le tout nouveau V12 5,3 litres, monté sur le châssis, plus long, de la « 2+2 », qui déboucha sur la Série III. Les Série III Type E étaient plus grosses et plus maniables, mais moins sportives. Signe des temps, le moteur était souple, la direction assistée, les nouveaux disques, efficaces. L'Europe regretta néanmoins le bouillant caractère de la 3,8.

La Type E n'était pas parfaite, mais sa conduite et son look diabolique firent que, pour beaucoup, elle reste encore la sportive extrême.

CI-DESSUS : Ces deux générations de Type E permettaient d'allier plaisir et raffinement. Le Roadster abrite le classique six-cylindres en ligne. Le coupé est une Série III, qui inaugura le puissant V12, très souple. On le vit plus tard dans le modèle qui lui succéda, la XJS.

LES JAGUAR TYPE E ET LEURS RIVALES	Moteur	Cylindrée	Puissance	Couple	Vitesse maxi	0 à 100 km/h	Longueur	Empattement	Voie Av / Ar	Prod. totale	Prix
Série 1 Roadster (1961)	Six-cylindres en ligne 2 ACT	3 781 cm^3	265 ch à 5 500 tr/mn	26,5 mkg à 4 000 tr/mn	240 km/h	7,1 sec.	4,453 m	2,438 m	1,270/1,270	7 815	14 800 F
Série 1 Coupé (1961)	Six-cylindres en ligne 2 ACT	3 781 cm^3	265 ch à 5 500 tr/mn	26,5 mkg à 4 000 tr/mn	242 km/h	6,9 sec.	4,453 m	2,438 m	1,270/1,270	7 667	15 500 F
Série 1 4.2 Roadster (1964)	Six-cylindres en ligne 2 ACT	4 235 cm^3	265 ch à 5 400 tr/mn	28,8 mkg à 4 000 tr/mn	240 km/h	7,4 sec.	4,453 m	2,438 m	1,270/1,270	9 548	15 680 F
Série 1 4.2 Coupé (1964)	Six-cylindres en ligne 2 ACT	4 235 cm^3	265 ch à 5 400 tr/mn	28,8 mkg à 4 000 tr/mn	242 km/h	7,0 sec.	4,453 m	2,438 m	1,270/1,270	7 770	16 480 F
Série 1 4.2 2+2 (1966)	Six-cylindres en ligne 2 ACT	4 235 cm^3	265 ch à 5 400 tr/mn	28,8 mkg à 4 000 tr/mn	224 km/h	7,4 sec.	4,686 m	2,667 m	1,276/1,276	5 572	18 570 F
Série 2 Roadster (1968)	Six-cylindres en ligne 2 ACT	4 235 cm^3	246 ch à 5 400 tr/mn	26,7 mkg à 3 000 tr/mn	228 km/h	7,2 sec.	4,453 m	2,438 m	1,270/1,270	5 132	16 550 F
Série 3 Coupé (1971)	V12	5 343 cm^3	272 ch à 6 000 tr/mn	30,9 mkg à 3 600 tr/mn	235 km/h	6,4 sec.	4,686m	2,667 m	1,346/1,346	7 298	27 080 F
Série 3 Roadster (1971)	V12	5 343 cm^3	272 ch à 6 000 tr/mn	30,9 mkg à 3 600 tr/mn	227 km/h	8,5 sec.	4,686 m	2,667 m	1,346/1,346	7 298	27 080 F
Aston Martin DB 4 GT (1958-1963)	Six-cylindres en ligne 2 ACT	3 670 cm^3	240 ch à 5 500 tr/mn	24,4 mkg à 3 600 tr/mn	227 km/h	8,5 sec.	4,362 m	2,489 m	1,371/1,346	1 110	54 700 F (1962)
Ferrari 250 GTO (1959-1964)	V12	2 953 cm^3	280 ch à 7 000 tr/mn	N/A	225 km/h	6,5 sec.	4,165 m	2,400 m	1,353/1,353	582	56 070 F (1963)

La Jaguar Type E à la loupe

Lyons, alors âgé de 22 ans, et Walmsley créèrent en 1922 Swallow Sidecar, qui construisit des Austin Seven. En 1931, William Lyons lança la SS, au look effronté. Singeant les Bentley de l'époque, le nom « Jaguar » fut adopté dès 1935.
Jaguar Cars lança le moteur XK dans la XK120 de 1948, qui motorisa la berline MKVII en 1950. Cinq victoires au Mans et une nouvelle petite berline accrurent la popularité de la firme.
La Type E confirma ce succès en Grande-Bretagne et à l'étranger. En 1968, Jaguar sortit la XJ, la plus belle création de Bill Lyons, qui fut produite jusqu'à l'arrivée de la XJ40 en 1986 .

■ 1961 Série I 3.8 Roadster et coupé

Lancée en mars 1961, la Type E était proposée en deux carrosseries (Roadster et coupé). Toutes les deux biplaces, ces versions étaient similaires du point de vue mécanique — des monocoques, incluant des cloisons avant et arrière assemblées par de larges seuils tubulaires. Sur la cloison avant était fixé un sous-châssis tubulaire qui supportait le moteur et la suspension entièrement indépendante. La Type E possédait quatre freins à disque. La suspension arrière était fixée à une cage séparée, arrimée au sous-châssis par l'intermédiaire de silent-blocs.

Ci-dessus : Le « six-en-ligne » 3,8 litres de la Type E, coiffé de 2 ACT, date de 1948. En 1961, il développait 265 chevaux.

Ci-dessus : La rangée de cadrans et d'interrupteurs sur le tableau de bord prouve qu'il s'agit d'une des premières Type E. Ils furent remplacés en 1967 par des commodos.

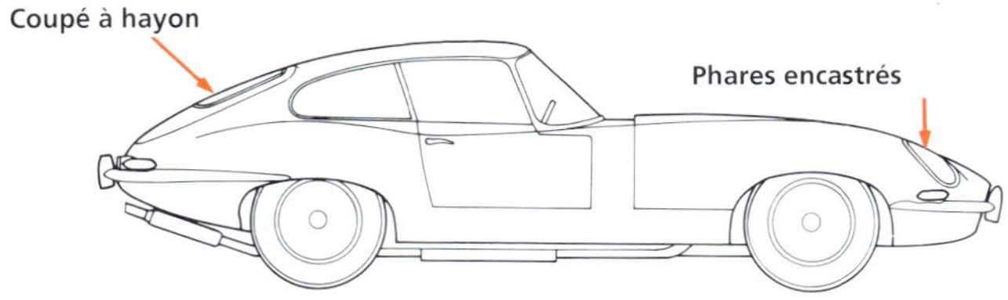

Ci-dessus : Les phares encastrés indiquent qu'il s'agit d'une Série I.

■ 1964 Série I 4.2 Roadster et coupé

Le moteur 4,2 litres fut créé pour la berline Mk X, avant d'équiper la Type E. Il améliorait le couple, mais ses performances restaient identiques. La 4.2 avait une boîte de vitesses à 4 rapports synchronisés. Un servofrein Dunlop remplaçait le Kelsey Hayes. La forme de la carrosserie et les accessoires restaient pratiquement inchangés, et la seule différence extérieure résidait dans les badges chromés sur les capots avant et arrière du Roadster et du coupé, portant les mentions « 4.2 » et « Type E ». L'intérieur, lui, était équipé de nouveaux sièges, et les premières consoles en aluminium étaient entourées d'un garnissage.

■ 1966 Série I 4.2 « 2+2 » coupé

En ajout à la gamme, la Type E « 2+2 » fut rallongée de 23 cm et rehaussée de 5 cm. Ce qui permit d'ajouter deux minuscules sièges à l'arrière, pouvant accueillir deux enfants ou deux adultes sur de courts trajets. Le nouveau modèle se reconnaissait à son toit surélevé et à son pare-brise assez haut. La voiture étant plus lourde d'une centaine de kilos, ses ressorts arrière furent renforcés. La boîte automatique était en option.

En rallongeant la Type E de 23 cm et en la rehaussant légèrement, Jaguar créa la « 2+2 », assez spacieuse pour accueillir quatre personnes.

■ 1967 Série I1/2 4.2 « 2+2 » Roadster et coupé

Les trois modèles furent modifiés en 1967 afin de satisfaire aux normes américaines. Ce modèle intermédiaire fut soumis à des changements mineurs durant sa courte existence. Extérieurement, le carénage des phares fut supprimé. Sous le capot, le moteur fut mis en conformité avec la législation américaine et les couvre-arbres à cames polis brillants devinrent mats. Les voitures d'exportation furent dotées de carburateurs Zenith Stromberg, en lieu et place des trois SU du marché britannique. A l'intérieur, les poignées de porte furent encastrées, et les interrupteurs articulés devinrent à bascule.

A gauche : Les phares n'étaient pas protégés sur les Série « I1/2 ». Ceux des Série I, sous cache en plastique, n'étaient pas aux normes américaines. Leur design fut standardisé sur tous les modèles.

Ci-dessous : Les phares non encastrés distinguent les modèles de Série I1/2.

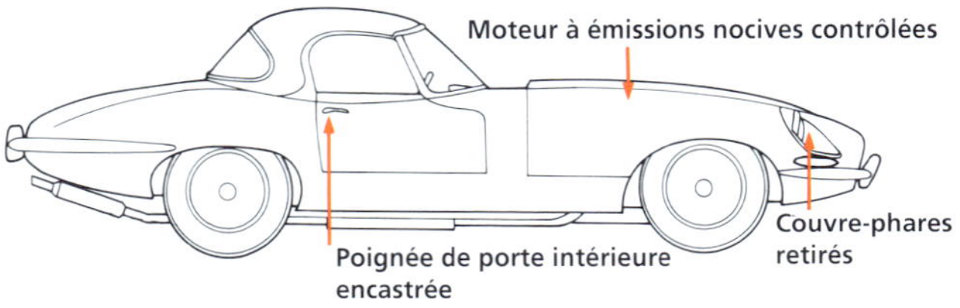

Ci-dessous : En 1963, Jaguar lança une petite série de Type E Racing, la « Lightweight ». Malgré l'héritage prestigieux de la Type D, la Type E ne put jamais prétendre au titre de voiture de course.

■ 1968 Série II 4.2 Roadster « 2+2 » coupé

Les Série II furent davantage modifiées. Les phares devinrent plus proéminents et l'ouverture avant du capot fut élargie pour mieux aérer le moteur et fournir l'air conditionné, en option. Les boucliers avant étaient plus volumineux.
Sous le bumper arrière, se trouvait la plaque minéralogique. Des clignotants plus volumineux furent montés. La « 2+2 » fut remodelée et la base du pare-brise déplacée afin d'en accroître l'angle. Les freins étaient des Girling et la direction assistée proposée en option.

CI-DESSUS : Les Série III arboraient de nouveaux feux arrière, plus grands.
CI-DESSOUS : Sur les Série II, les clignotants, plus volumineux, étaient montés sous le bouclier.

■ 1971 Série III 5.3 Roadster et « 2+2 » coupé

Les Type E V12 furent celles qui subirent le changement le plus radical. Leur grille de radiateur était plus grosse et leurs ailes élargies pour loger les roues et les pneus plus larges. Deux modèles étaient proposés : Roadster et coupé « 2+2 ». La décapotable avait l'empattement plus long de la quatre-places. Un sigle V12 était apposé à l'arrière, et une grille de ventilateur perçait le hayon arrière du coupé. La suspension était équipée d'un système « antiplongée », avec hauteur de caisse ajustable. Le faux châssis avant était renforcé. Des freins à disque avant ventilés et des amortisseurs monotube Girling furent installés.

Les Série III V12 se reconnaissaient immédiatement à leur large prise d'air avant, à grille chromée.

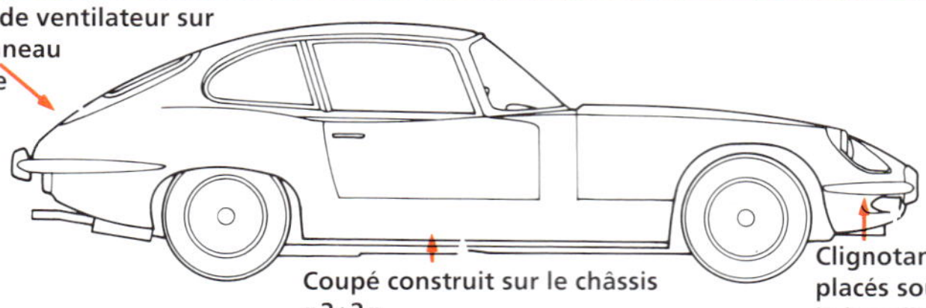

CI-DESSUS ET CI-DESSOUS : Les Série III étaient construites sur l'empattement long « 2+2 ».

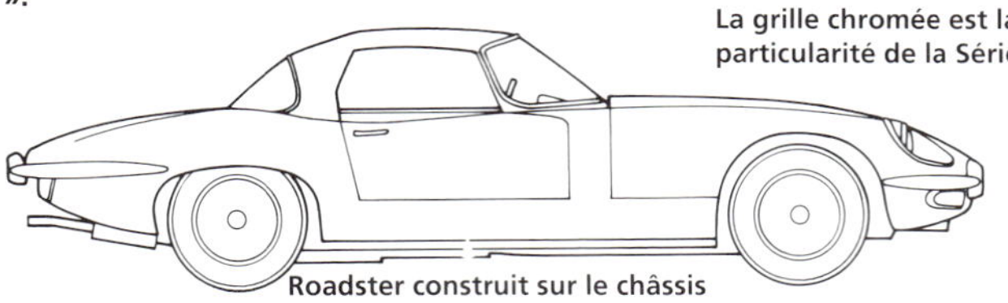

■ A l'intérieur de la Type E

La Type E utilisait des principes de la Type D, comme la construction « semi-monocoque ». Les seuils de portes, hauts et profonds, lui donnèrent une structure très rigide. C'était un détail important sur le Roadster, dont la structure n'était pas renforcée par le toit. Le « six-en-ligne » était supporté par son faux châssis tubulaire, fixé sur la partie monocoque, et la suspension arrière était soutenue par un berceau. Comme la Testarossa actuelle, la Type E possédait deux combinés ressorts hélicoïdaux-amortisseurs de chaque côté. L'arbre de transmission lui-même était utilisé comme levier transversal et les freins à disque étaient accolés au pont afin d'éviter le poids suspendu. Le système fut utilisé par la suite sur la future XJ6... La Type D de compétition utilisait des freins à disque et la Type E en possédait également quatre.

CI-DESSUS : La longueur du capot de la Type E l'empêchait de s'ouvrir davantage. Mais l'accessibilité au moteur restait bonne.

A DROITE : En 1971, lorsque sortit la Série III, le volant en bois fut remplacé par un volant recouvert de cuir. Son diamètre était inférieur, car la V12 avait la direction assistée.
Les V12, comme celle-ci, étaient des GT luxueuses, et non des voitures de sport. Beaucoup possédaient, d'ailleurs, une boîte automatique.

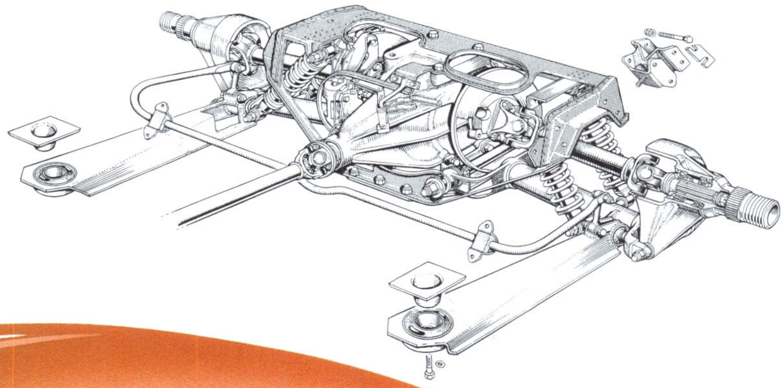

A GAUCHE : La nouvelle suspension arrière indépendante était montée sur un berceau, fixé au berceau principal sur des silent-blocs.

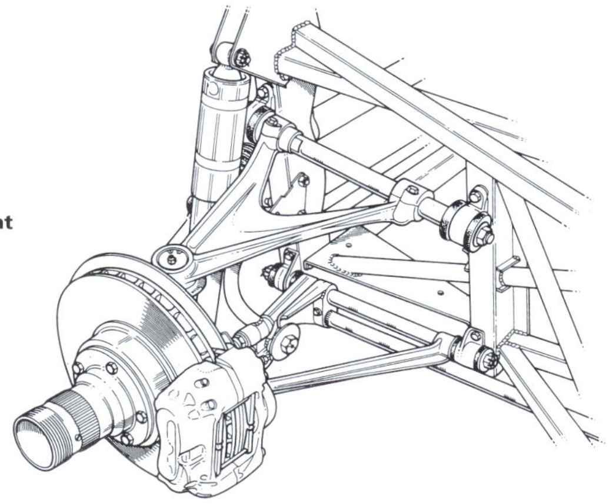

A DROITE : La suspension avant utilisait deux doubles bras superposés, associés à des barres de torsion et non à des ressorts hélicoïdaux.

A DROITE : En 1971, la Type E changea de registre lorsqu'elle troqua son classique « six-en-ligne » contre un V12. Bien que le 5,3-litres fût plus gros, sa construction en aluminium pénalisait peu le poids. Sur ce modèle, l'alimentation est assurée par quatre carburateurs Stromberg (l'injection n'apparut, en 1973, que sur le coupé XJC).

CI-DESSOUS : L'énorme pare-brise, large et bas, était nettoyé par trois balais d'essuie-glace — et non deux !

A GAUCHE : Les phares carénés ne furent montés que sur les Série I, de 1961 à 1967.

A DROITE : Les phares non carénés, entourés d'un large cerclage chromé, furent lancés sur la Série II en 1968. Le répétiteur de clignotant au-dessus du bouclier prouve qu'il s'agit ici d'une version américaine.

JAGUAR XJ 13

• Les chefs-d'œuvre •

JAGUAR XJ13

Une trentaine d'années séparent les victoires acquises au Mans par les Type C et D et celle d'une XJR9 en partie construite par des artisans spécialisés. Pourtant, Jaguar écrivit en 1966 un autre scénario, réfuté par l'Histoire. Portrait de la XJ13, la plus mystérieuse des « filles » de Coventry.

Au mois d'août 1964, un curieux V12 tourne au banc d'essai de l'usine Jaguar. Il ne s'agit pas du futur moteur de la Type E douze cylindres. Cette mécanique-là est élaborée à partir de deux blocs XK six cylindres double arbre directement issus de la Type D, reliés par une embase commune. L'ouverture du « V » est fixée à 60°, disposition classique sur ce type de moteur.

Claude Bailey – qui avait envisagé, bien des années auparavant, la construction d'une mécanique identique dont certains traits se retrouvent sur ce groupe inédit – obtient un douze-cylindres à quatre arbres à cames en tête, injection mécanique et allumage électronique de 5 litres de cylindrée, pesant moins de 300 kg grâce à l'utilisation systématique de l'aluminium. Selon les réglages, ce moteur développe de 460 ch à 7 000 tr/mn à 502 ch à 7 600 tr/mn, et l'on compte obtenir, à terme, environ 550 ch vers 8 500 tr/mn !

Taillée pour les Hunaudières

Car la XJ13 n'est pas destinée à la route. Il s'agit de l'ébauche d'une automobile devant replacer Jaguar sur l'échiquier du Championnat du monde des Sport-prototypes, qui met alors aux prises Ferrari, Ford, Lola et Porsche.

CI-CONTRE : La voiture mesurait moins de 1 m de haut. Son Cx était remarquable, mais des phénomènes de portance, tels que la tendance du train arrière à jouer un rôle directionnel, auraient nécessité de nombreuses modifications aérodynamiques.

Ci-contre : La XJ13 était établie sur un robuste châssis monocoque en aluminium, avec une carrosserie dessinée par Sayer. Mais l'absence d'appendices aérodynamiques engendrait une grande instabilité au-dessus de 300 km/h.

Ci-dessus : Inspirée à la fois des lignes de la Type D et de celles de la Type E, la silhouette de la XJ13 est une incontestable réussite esthétique qui laisse encore admiratif aujourd'hui.

Un engin qui se situe dans le droit fil d'une tradition abandonnée quelques années plus tôt avec les ultimes Type D.

La filiation avec cette dernière est évidente, car c'est Malcolm Sayer qui a dessiné l'« ancêtre » et la nouvelle. Avec le même bonheur, au niveau tant aérodynamique qu'esthétique. La XJ13 se présente sous la forme (superbe !) d'un prototype à moteur central arrière, dont l'originalité est de proposer des lignes parfaitement semblables à l'avant et à l'arrière d'un cockpit également traité de manière symétrique. Le vaste pare-brise se prolonge vers l'arrière par une bulle translucide qui dévoile l'intégralité de la mécanique. En dépit des lignes élancées, les dimensions sont extrêmement compactes. La XJ13 frôle 280 km/h, mais une démultiplication finale plus conséquente est prévue, qui doit permettre à la voiture de dépasser 330 km/h. Car c'est dans la légendaire ligne droite des Hunaudières, au Mans, qu'est censée s'exprimer la belle XJ13.

Victime de la réglementation

Structurellement, la Jaguar XJ13 est remarquablement conçue : des longerons en aluminium avec caissons latéraux reliés par des traverses forment un léger ensemble tubulaire, renforcé par un plancher également en tôle d'aluminium. Le tout constitue un châssis extrêmement rigide, dans lequel le moteur et la boîte jouent un rôle porteur à l'arrière, alors qu'un bâti tubulaire supporte les éléments de suspension à l'avant.

La solidité de la XJ13 est testée en février 1971 par l'essayeur maison Norman Dewis en vue du tournage d'un film publicitaire destiné à la présentation de la Type E V12 lors du Salon de Genève. Une roue casse et, après une impressionnante cabriole, la XJ13 se retrouve à l'état d'épave... Pourtant, lorsque Lofty England, qui vient de succéder à sir William Lyons à la tête de Jaguar, décide de faire réparer la voiture, on se rend compte que la structure n'a quasiment pas bougé.

La XJ13 originelle n'a pas de descendance. Prévue pour succéder à la Type D au palmarès des 24 Heures du Mans, la voiture est victime d'une double malédiction, comme si le chiffre retenu pour la désigner justifiait sa sinistre réputation... D'abord, Jaguar entre en 1967 dans le giron du groupe British-Leyland, où l'on considère la compétition avec la plus extrême réserve. Ensuite, et surtout, la CSI (l'autorité sportive de l'époque) change la réglementation : la cylindrée des Sport-prototypes est limitée à 3 litres et, si les 5-litres Sport sont acceptées, c'est à l'unique condition d'être produites à 25 exemplaires au moins. Jaguar ne peut se permettre cette coûteuse fantaisie.

La XJ13, assemblée en 1966 puis reconstituée après sa mésaventure de 1971, demeure ainsi l'unique témoignage du savoir-faire de l'équipe Heynes-Bailey-Sayer.

Ci-dessus : La XJ13, destinée à la course, aurait logiquement dû faire face à une sévère concurrence, emmenée par les Ford GT40 et les Ferrari 330 P2/3.

En haut : Dernier malheur de la XJ13, sa violente sortie de route en 1971 quand une roue céda lors du tournage d'un film publicitaire.

Page précédente, en bas : La voiture était particulièrement fine, réellement féline. La carrosserie en aluminium riveté épousait étroitement le châssis monocoque rigide.

Au volant de la XJ13 : Un prototype inachevé

La Jaguar XJ13 n'ayant été construite qu'à un seul exemplaire, et son développement arrêté avant l'heure, rares sont ceux qui ont réellement cerné le potentiel de la voiture. Norman Dewis est celui qui, avec le pilote professionnel David Hobbs, a le plus roulé au volant de la douze-cylindres.

Grâce à leur témoignage, on sait que la voiture n'était pas d'une stabilité exemplaire à haute vitesse, que le levier de vitesses manquait de précision et que la commande de frein était d'une exceptionnelle dureté. En revanche, le moteur était si souple que la XJ13 aurait pu rouler sans problème en ville et, lorsque le régime moteur dépassait 5 000 tr/mn, le rugissement du V12 était un régal pour l'oreille du puriste.

Norman Dewis exagérait un peu lorsqu'il disait que la XJ13 était « relaxante à conduire » à haute vitesse : des essais effectués en soufflerie bien après la naissance du fauve ont démontré que, pour qu'il en fût ainsi, quelques disgracieux appendices aérodynamiques auraient été nécessaires. Ce qui aurait été nuisible à la splendide silhouette de la Jaguar.

LA JAGUAR XJ13 ET SES RIVALES	Moteur	Cylindrée	Puissance	Couple	Vitesse maxi	0 à 100 km/h	Longueur	Empattement	Voie Av / Ar	Poids	Nombre d'exemplaires produits
Jaguar XJ13	V12 4 ACT	4 994 cm^3	502 ch à 7 600 tr/mn	53,3 mkg à 6 300 tr/mn	330 km/h	NC	4,483 m	2,438 m	1,422/1,422	1 124 kg	1
Ferrari 330 P2	V12 4 ACT	3 964 cm^3	410 ch à 8 200 tr/mn	NC	NC	NC	4,422 m	2,400 m	1,367/1,346	837 kg	NC
Ford GT40 Mk III	V8 soupapes en tête	4 738 cm^3	306 ch à 6 000 tr/mn	45,6 mkg à 4 200 tr/mn	260 km/h	5,3 s	4,293 m	2,421 m	1,397/1,359	995 kg	124
Porsche 917	douze cylindres opposés à plat, 4 ACT	4 494 cm^3	560 ch à 8 300 tr/mn	NC	346 km/h (pont long)	NC	4,290 m	2,300 m	1,524/1,564	800 kg	25
Lola T70	V8 soupapes en tête	4 980 cm^3	540 ch à 7 200 tr/mn	NC	330 km/h (pont long)	NC	4,445 m	2,375 m	1,399/1,399	1 575 kg	NC

La Jaguar XJ13 à la loupe

Lorsque l'usine Jaguar fut ravagée par un incendie, en 1957, l'implication directe de la marque en compétition fut suspendue, de même que les travaux entrepris pour l'étude d'un moteur destiné à remplacer le six-cylindres en ligne XK. Le développement de la future Type E accapara ensuite toutes les énergies, et ce n'est qu'en 1964 que fonctionna au banc un V12 5 litres à quatre arbres à cames en tête destiné à la remplaçante de la Jaguar D. La XJ13 apparut en 1966 mais, à peine le prototype mis à l'épreuve, Jaguar était absorbée par British Motor Corporation et la réglementation sportive changeait. Désormais, ce modèle unique est exposé dans le hall d'accueil de l'usine de Coventry, quand il n'est pas sollicité par quelque organisateur de Salon.

Ci-dessus : Belle sous tous les angles, la XJ13 manquait, telle quelle, d'efficacité dynamique : l'avant se délestait et l'arrière avait tendance à louvoyer.

■ Style

Les lignes fluides et pures de la voiture n'auraient probablement pas résisté à un développement plus poussé, et moins encore à une utilisation régulière en compétition. Un passage en soufflerie intervenu dans les années 70 révéla que la XJ13 aurait mal supporté les hautes vitesses et que la longue ligne droite des Hunaudières sur le circuit du Mans, parcourue à plus de 330-340 km/h, aurait posé de sérieux problèmes de portance. Néanmoins, le très beau dessin de base (signé Malcolm Sayer), caractérisé par des courbes élégamment galbées et par la symétrie quasi parfaite obtenue entre les parties avant et arrière, possédait un excellent potentiel aérodynamique, affichant un Cx inférieur à 0,30. Les nécessités de la course auraient sans doute fait fleurir, sur cette superbe carrosserie en aluminium rivetée, quelques éléments supplémentaires nuisibles à l'esthétique.

Ci-dessous : En dépit de sa ligne effilée, la XJ13 possédait une compacité comparable à celle d'une Ford GT40, d'aspect plus ramassé.

Ci-dessous : Le panneau muni d'ouïes qui recouvre le bouchon du réservoir d'huile ventilait le moteur.

Ci-dessus : Cette ouverture amenait l'air frais au cockpit, et les ouïes du capot évacuaient l'air chaud du moteur.

Ci-contre : Le moteur V12 était monté longitudinalement, juste derrière le cockpit, et était protégé par un capot transparent.

Ci-contre : La symétrie entre les parties avant et arrière était quasi parfaite.

Ci-contre : Le graissage du moteur étant à carter sec, un réservoir d'huile était installé sur le côté pour un remplissage rapide.

Ci-dessous : Les phares, carénés avec du Perspex, favorisaient le bon Cx.

Ci-dessous : Les roues à fixation centrale étaient conçues pour un changement ultrarapide.

Ci-dessous : La planche de bord offrait nombre d'informations. Le tachymètre est gradué jusqu'à 395 km/h !

Ci-dessous : Le cockpit était spartiate et fonctionnel, comme il sied à une voiture de course, et comportait un seul siège, bien qu'il y eût de la place pour deux occupants.

■ Châssis et transmission

Formant bloc, le moteur et la boîte de vitesses ZF à cinq rapports étaient utilisés comme élément porteur à l'arrière. La rigidité du châssis monocoque était due à la présence de deux caissons latéraux formant les seuils de porte, du plancher à double paroi intégrant un arceau derrière le cockpit, et d'un épais tablier à l'avant de celui-ci. Le tout, réalisé en alliage d'aluminium, était léger, mais sans exagération. L'ensemble moteur-boîte était boulonné au châssis principal, un bâti tubulaire léger étant installé, à l'avant comme à l'arrière, afin de recevoir les éléments de suspension. Celle-ci était, à l'avant, très comparable à celle de la Type E, hormis le remplacement des barres de torsion longitudinales par des combinés ressorts-amortisseurs classiques. A l'arrière, en revanche, on trouvait deux longs bras radiaux ancrés tout près de l'habitacle, complétés par des triangles inférieurs placés très bas. Les freins à disque Dunlop originels furent remplacés par des Girling, plus efficaces.

Ci-dessous : La liaison entre la boîte de vitesses ZF et le levier de commande était imprécise.

Ci-dessus : Les pédales en métal perforé d'une vraie voiture de compétition.

Ci-dessus : La rigidité de l'ensemble était due aux seuils de porte, au large tablier avant et à l'arceau intégré.

Ci-contre : Le carter en alliage de la boîte de vitesses ZF empiétait sur le logement de la roue de secours.

Ci-dessous : La suspension avant de la Type D ressemblait à celle de la XJ13, mais possédait des barres de torsion et non des ressorts hélicoïdaux.

■ Moteur

Si le douze-cylindres de la XJ13 n'était pas le premier moteur « tout alliage » de Jaguar, l'architecture en « V » était inédite à Coventry. Le bloc, surmonté des deux culasses en alliage d'aluminium, recevait des cylindres en fonte à chemises humides, et les bielles en acier forgé tourillonnaient sur un vilebrequin à sept paliers. Avec 87 mm d'alésage et 70 mm de course, il s'agissait d'un moteur super carré, autorisant de hauts régimes et prévu pour tourner à 8 500 tr/mn.
Les chambres de combustion semi-hémisphériques avaient deux soupapes par cylindre, inclinées à 60°. Elles étaient actionnées par un double arbre à cames en tête par rangée de cylindres, via des poussoirs inversés. Les arbres à cames étaient entraînés par des engrenages dans la partie supérieure, le mouvement initial étant fourni depuis le vilebrequin par une double chaîne. Le graissage était à carter sec. Ce groupe de 4 994 cm^3 pesant moins de 300 kg fournissait, en 1966, 502 ch à 7 600 tr/mn. On espérait 550 ch à 8 500 tr/mn.

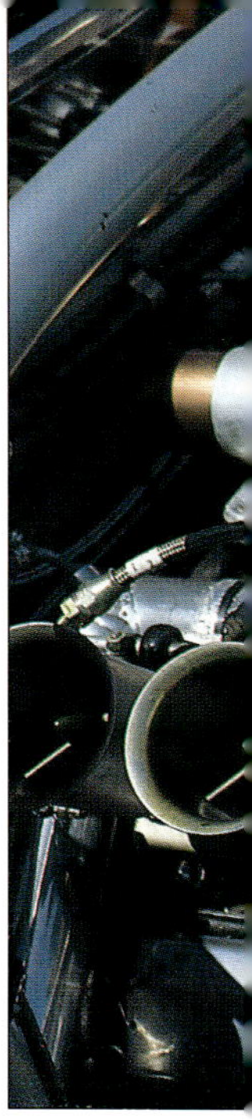

Ci-dessous : Un ventilateur électrique assistait le radiateur à basse allure uniquement.

Ci-dessous : Le radiateur Marston en aluminium était incliné pour permettre d'abaisser au maximum le « museau », et refroidissait le V12 grâce à des conduits de fort diamètre.

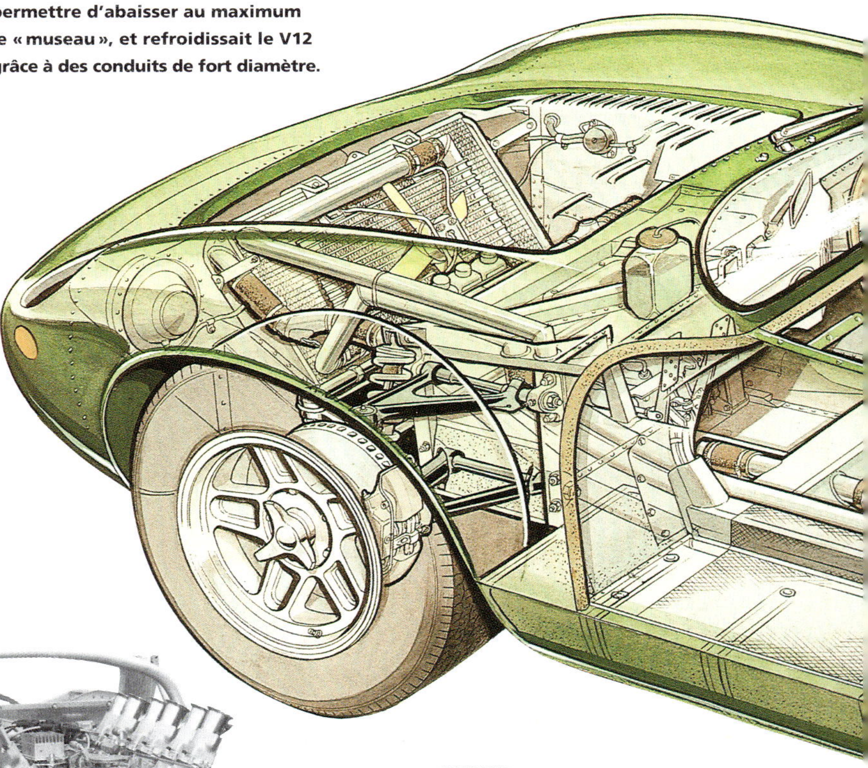

Ci-contre : La barre antiroulis arrière, installée au-dessus de la transmission, agissait sur les triangles inférieurs au moyen de longues tringles verticales.

Ci-dessus : Le « cœur » de la XJ13 reste le beau V12 dessiné par Claude Bailey. Le groupe délivrait 502 ch à 7 600 tr/mn. L'injection mécanique Lucas introduisait le mélange air-essence directement dans les trompettes. Un arbre monté à l'intérieur du « V », entraîné par la première chaîne des arbres à cames, actionnait à la fois la pompe d'injection et le distributeur. La boîte en alliage, à droite de la bobine, est un refroidisseur pour l'allumage électronique transistorisé.

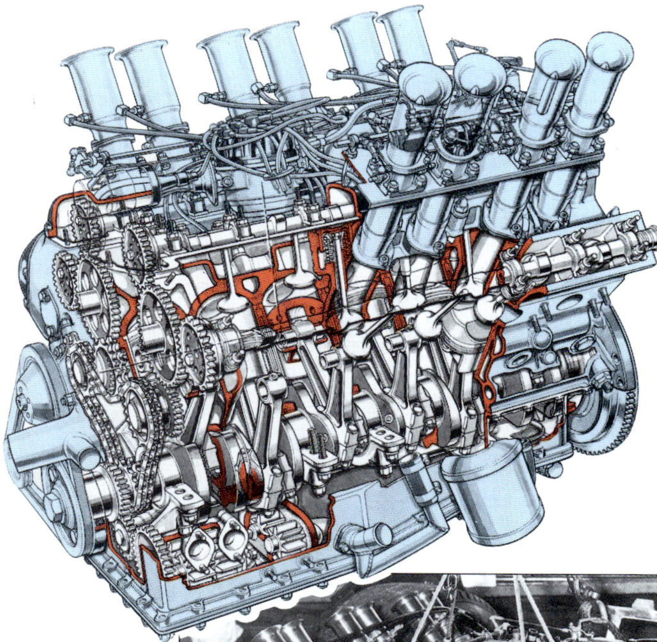

Ci-dessus : La combinaison chaînes-engrenages actionnant les quatre arbres à cames en tête, le mécanisme à poussoirs inversés des soupapes et, dans le carter sec, la pompe à huile.

Ci-contre : Lorsque le moteur est sorti, l'ancrage de la suspension arrière sur le bloc-moteur est bien visible.

Ci-dessous : Derrière le pilote, et devant la cloison pare-feu le séparant du moteur, se trouve une cellule contenant un réservoir d'essence souple central.

Ci-dessous : Le moteur pouvait être retiré d'un bloc, avec l'ensemble de la suspension arrière.

Ci-dessous : La carrosserie était fixée à l'arrière par une longue charnière « à piano » et par une goupille d'arrêt aisément démontable.

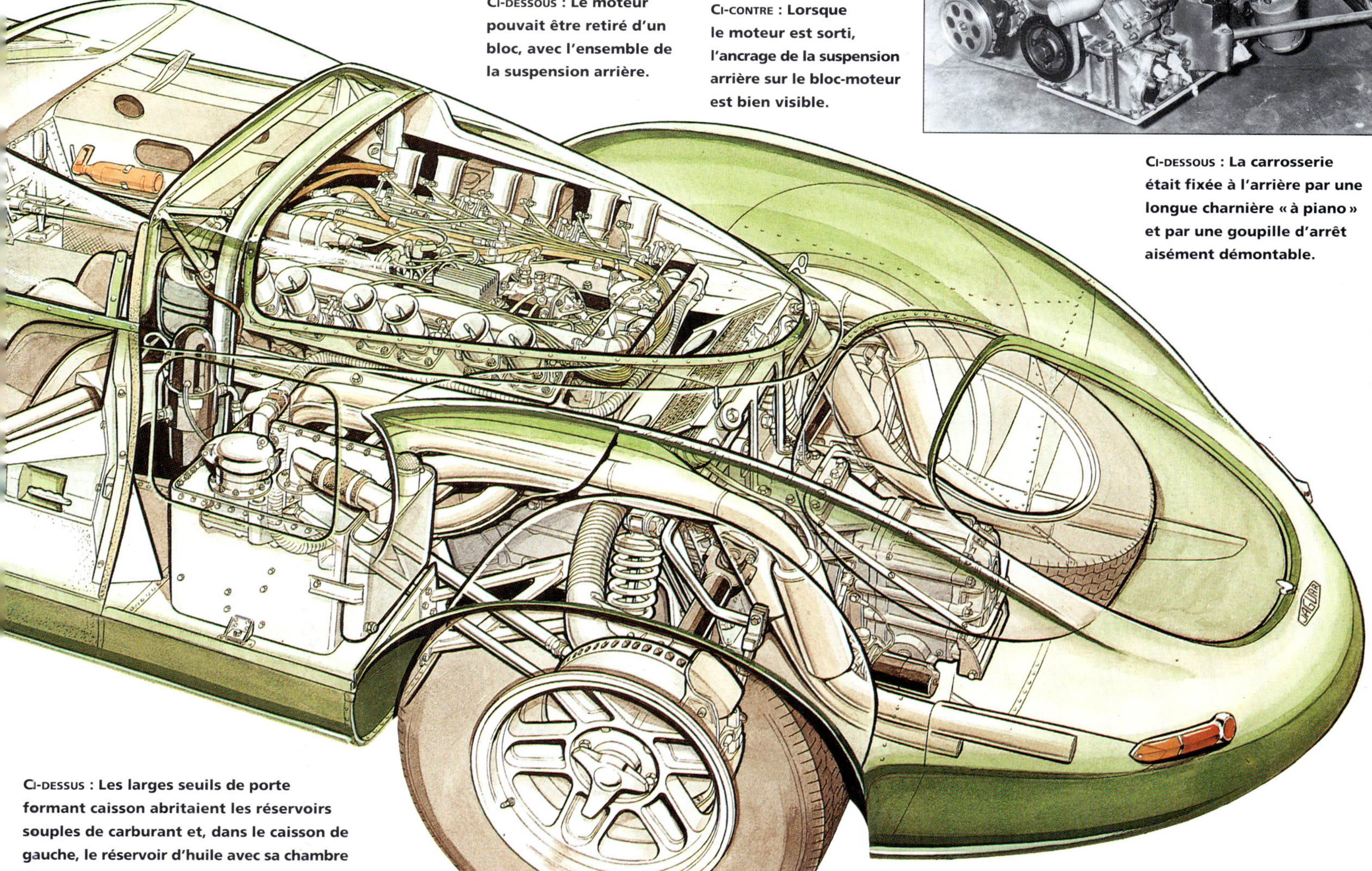

Ci-dessus : Les larges seuils de porte formant caisson abritaient les réservoirs souples de carburant et, dans le caisson de gauche, le réservoir d'huile avec sa chambre d'aération supérieure. A noter, les deux longs bras tirés de la suspension arrière.

JAGUAR XJR-S

• Les chefs-d'œuvre •

JAGUAR XJR-S

Dérivée d'un modèle largement éprouvé – le coupé XJ-S lancé en 1975 –, la Jaguar XJR-S, dans sa version 6 litres et 333 ch élaborée par la division JaguarSport (dirigée par Tom Walkinshaw), est, équipée d'un V12, l'une des reines de la route.

Lancée en 1975, la Jaguar XJ-S a bientôt vingt ans. A ce titre, elle est l'une des plus anciennes voitures commercialisées. Sauf pour certains modèles de prestige de chez Mercedes-Benz, cela correspond au double de la durée de vie moyenne d'une voiture. Lorsqu'elle fut présentée, la Jaguar XJ-S eut la très lourde charge de succéder à la légendaire Type E. Si la XJ-S ne marquera sans doute pas l'histoire de l'automobile comme l'a fait la Type E, force est de constater qu'elle est fidèle au poste malgré l'arrivée de rivales nettement plus modernes telles que la BMW 850i et la Mercedes 500 SL. Toutefois, entre la XJ-S de 1975 et celle de 1994, les différences sont nombreuses, notamment au niveau du style.

Treize ans après sa sortie, ayant surmonté une période difficile, Jaguar renouait avec ce qui avait largement contribué à sa renommée : la victoire aux 24 Heures du Mans.

En 1982, la firme de Coventry avait effectué son retour en compétition par le biais du Championnat d'Europe des Voitures de tourisme, une compétition alors âprement disputée et fréquentée par nombre de constructeurs de renom tels BMW, Ford ou Volvo. Tom Walkinshaw, chargé de conduire à nouveau les Jaguar à la victoire sur circuit, était alors pilote et chef d'écurie.

Le modèle choisi fut la XJ-S qui, en 1984, avait enlevé le titre européen. Quatre ans plus tard, grâce à la XJR-9 Sport-prototype, Jaguar s'imposa aux 24 Heures du Mans, toujours sous la houlette de Tom Walkinshaw. Cette victoire relança la firme sur la voie du succès, ce qui se traduisit notamment par la création d'une entité spécifique, JaguarSport, joint-venture entre Jaguar et TWR (Tom Walkinshaw Racing) ayant pour vocation de fabriquer des modèles prestigieux. Si la fabuleuse XJ220 en est bien sûr l'illustration extrême, auparavant, en 1988, il y eut la XJR-S.

Désireux de célébrer sa victoire au Mans et d'exploiter la dynamique commerciale qu'elle n'allait pas manquer de provoquer, Jaguar décida de confier à Walkinshaw la réalisation d'une voiture à tendance plus sportive que Grand Tourisme, sur la base du coupé XJ-S.

Une super XJ-S, exclusive et sportive

Dans un premier temps, seuls furent modifiés les suspensions, les freins et la direction, le moteur restant dans sa définition standard, un V12 de 5,3 litres à injection Lucas et allumage Marelli développant 286 ch à 5 150 tr/mn, avec un couple de 42,8 mkg à seulement 2 800 tr/mn.

Au niveau de la suspension, outre des modifications de tarage des ressorts et des bras arrière, la principale différence fut l'adoption d'amortisseurs télescopiques à gaz Bilstein, spécialement développés pour la XJR-S. L'assistance de direction, très accentuée sur la version classique, fut adaptée à une conduite « sport ». Des roues en

Ci-contre : La Jaguar XJR-S est l'un des coupés les plus performants du marché. Cette imposante voiture de 4,80 m de long peut rouler à 250 km/h et passer de 0 à 100 km/h en 6,8 secondes.

Ci-dessus : Le spoiler arrière n'est pas un simple exercice de style destiné à donner un caractère plus agressif à la XJR-S : il a pour vocation d'améliorer l'appui du train arrière.

alliage chaussées de gros pneumatiques « taille basse » et des retouches esthétiques destinées à améliorer l'aérodynamique contribuèrent à donner une allure nettement plus sportive à la XJR-S. Uniquement équipée d'une boîte de vitesses automatique à trois rapports General Motors, la XJR-S reçut un système antiblocage de freins.

JaguarSport produisit 100 exemplaires numérotés de cette voiture, dont la n° 2 pour le pilote néerlandais Jan Lammers, l'un des artisans de la victoire mancelle avec la XJR-9... n° 2. Face au succès rencontré, Jaguar décida de prolonger la série. C'est ainsi que fut lancée, en 1989, une version plus puissante.

Pour la première fois depuis 1971, date de son apparition sur la Jaguar E, le moteur V12 subit de profonds remaniements. La course fut portée de 70 à 78,5 mm, ce qui fit passer la cylindrée de 5,3 litres (5 346 cm³) à 6 litres (5 994 cm³). Le vilebrequin fut changé, et la confection des pistons fut confiée à Cosworth. Le système à injection séquentielle, fabriqué par Zytek et dérivé de celui utilisé sur les XJR Groupe C, était également tout nouveau. Une amélioration ultérieure du système de gestion électronique Zytek permit de faire grimper la puissance de 318 à 333 ch, au point de faire de la XJ-S l'une des plus performantes de sa catégorie.

Ci-dessus : Si l'allure générale du coupé XJ-S a été conservée pour la XJR-S, JaguarSport en a fait un modèle au tempérament agressif nettement plus affirmé.

Page précédente, ci-contre : En 1984, les coupés XJ-S préparés, et même pilotés, par Tom Walkinshaw s'imposèrent dans le Championnat d'Europe des Voitures de tourisme.

Page précédente, en bas : Les gros pneus, l'aileron arrière, le pare-chocs avant et son spoiler intégré permettent de distinguer extérieurement la XJR-S des coupés XJ-S.

Au volant de la XJR-S : Le TGV de la route

Avant que BMW et Mercedes viennent, eux aussi, au moteur V12, la Jaguar XJ-S était l'une des très rares voitures du marché à être animée par un moteur placé à l'avant. Sa seule rivale dans ce registre était la Ferrari 400, positionnée à mi-chemin entre la berline et le coupé.

La XJ-S, et par conséquent la XJR-S qui en est, sur bien des points, la copie conforme, a un rapport encombrement/habitabilité qui n'est pas sans rappeler la Citroën SM : elle est faite pour deux personnes, les places arrière étant symboliques.

En revanche, dans la XJR-S plus encore que dans la XJ-S, on est plongé d'emblée dans cette atmosphère cossue que seules les voitures anglaises de prestige savent offrir.

Hormis les dimensions, qui réclament un certain temps d'accoutumance, la XJR-S procure un rare plaisir de conduite.

Une énorme réserve de puissance disponible, une boîte de vitesses automatique parfaitement adaptée, une tenue de route et une stabilité en ligne droite à haute vitesse rassurantes ainsi qu'un confort permanent font de la XJR-S un véritable TGV de la route : très vite et dans des conditions idéales, elle emmène ses passagers en toute sécurité.

LA JAGUAR XJR-S ET SES RIVALES	Moteur	Cylindrée	Puissance	Couple	Vitesse maxi	0 à 100 km/h	Longueur	Empattement	Voie Av / Ar	Poids	Prix (1992)
Jaguar XJR-S	V12 2 x 1 ACT	5 994 cm^3	333 ch à 5 250 tr/mn	50,4 mkg à 3 650 tr/mn	250 km/h	6,8 s	4,818 m	2,591 m	1,490/1,500	1 825 kg	518 000 F
BMW 850i	V12 2 x 1 ACT	4 988 cm^3	300 ch à 5 200 tr/mn	45,9 mkg à 4 100 tr/mn	250 km/h	7,2 s	4,780 m	2,684 m	1,554/1,562	1 882 kg	611 500 F
Ferrari Mondial t	V8, 4 ACT trente-deux soupapes	3 405 cm^3	300 ch à 7 700 tr/mn	33 mkg à 4 200 tr/mn	251 km/h	5,6 s	4,229 m	2,649 m	1,522/1,560	1 615 kg	642 500 F
Mercedes 500 SL	V8, 4 ACT trente-deux soupapes	4 973 cm^3	326 ch à 5 500 tr/mn	44,1 mkg à 4 000 tr/mn	250 km/h	6,2 s	4,470 m	2,515 m	1,530/1,520	1 770 kg	702 900 F
Porsche 928 GTS	V8, 4 ACT trente-deux soupapes	5 397 cm^3	350 ch à 5 700 tr/mn	51 mkg à 4 250 tr/mn	275 km/h	5,7 s	4,520 m	2,500 m	1,550/1,610	1 620 kg	631 900 F

La Jaguar XJR-S à la loupe

Introduite à la mi-1988, la Jaguar XJR-S avait été conçue dans un double objectif. Le premier était de célébrer la victoire aux 24 Heures du Mans ; le second consistait en une sorte de rodage pour la nouvelle entité JaguarSport, chargée de construire des voitures à hautes performances. Le coupé XJ-S, modèle le plus prestigieux de la gamme, fut tout naturellement choisi, car il avait permis à Jaguar de devenir champion d'Europe des Voitures de tourisme en 1984. Si la toute première version ne bénéficia que de modifications de suspension, la cylindrée fut augmentée en 1989 et la puissance atteignit alors 318 ch, avant de passer à 333 ch en 1991.

Ci-dessus : La XJR-S bénéficia des modifications esthétiques apportées à la XJ-S en 1991, telles que le nouveau dessin des vitres arrière.

■ Style

Lors de son lancement, en 1975, la Jaguar XJ-S fut, sur le plan esthétique, diversement appréciée. Le mariage des phares ovales avec des lignes anguleuses et une vitre arrière perdue entre deux larges montants latéraux était original. En 1991, Jaguar adoucit les formes de la XJ-S, celles de toute la face arrière notamment, mais cet énorme coupé reste unique en son genre. JaguarSport, sans procéder à de profonds remaniements, donna à la XJ-S, devenue XJR-S, une allure nettement plus sportive. Les pneus surdimensionnés et les ailes élargies qu'ils impliquent ne sont pas étrangers à cette métamorphose en douceur. Parmi les autres modifications apportées au modèle originel, on trouvait des pare-chocs (avec un spoiler à l'avant) dans le ton de la carrosserie – tout comme les rétroviseurs extérieurs –, un encadrement « satiné noir » des optiques de phares halogènes et un becquet fixé sur la malle arrière. Enfin, le logo XJR-S était gravé sur les glaces de custode arrière et le sigle « Sport » sur la droite de la grille de calandre.

Ci-dessus : Bien que de conception ancienne, la gamme XJ-S reste séduisante.

Ci-dessous : Les nouveaux feux arrière contribuent au rajeunissement de la ligne.

Ci-dessus : Les cerclages d'encadrement des phares de la XJR-S sont peints dans la couleur de la carrosserie, et non chromés.

Ci-contre : Les feux arrière ont conservé l'encadrement chromé commun aux modèles XJ-S.

Ci-dessous : Les pneus de la XJR-S sont des 8 pouces x 16 pouces.

Ci-dessous : Les performances ne furent pas la seule préoccupation de JaguarSport : le luxe fut également au rendez-vous.

Ci-dessous : Même s'il est difficile de profiter pleinement des places arrière, leur traitement n'est pas négligé.

Châssis et suspension

Bien davantage que sur le moteur, c'est le travail qu'effectua JaguarSport – autrement dit Tom Walkinshaw Racing, ou TWR – sur les suspensions, sur la direction et sur les freins qui fut le plus remarquable.
En effet, si la XJR-S avait énormément gagné en puissance, les qualités de base de la XJ-S en matière de confort et de silence n'avaient été en rien altérées.
Les suspensions de la XJ-S standard étaient composées à l'avant de triangles superposés, et à l'arrière de triangles inférieurs – avec demi-arbres de roue oscillants – et de ressorts hélicoïdaux ; des amortisseurs télescopiques à gaz Bilstein furent montés sur la XJR-S. L'assistance de direction fut réduite, afin de donner davantage de sensibilité au conducteur.
Au niveau du freinage, la XJR-S, par ailleurs dotée de pneus de plus grande dimension, reçut des disques ventilés et un système antiblocage.

Ci-dessous : La suspension avant de la XJR-S, avec les doubles bras, est directement empruntée à la XJ-S.

Ci-dessous : La suspension arrière est protégée dans un caisson afin d'améliorer l'isolation sonore.

La culasse HE

Dans les années 70, la consommation devint un problème majeur. Afin de la diminuer sans nuire au brio du moteur V12, Jaguar adopta la culasse dite « High Efficiency », mise au point par l'ingénieur suisse Michael May. Cette chambre de turbulence permit d'améliorer la combustion et d'augmenter le taux de compression par rapport à la culasse Heron traditionnelle.

Ci-dessous : La chambre de turbulence de la culasse HE Fireball, située sous la soupape d'échappement.

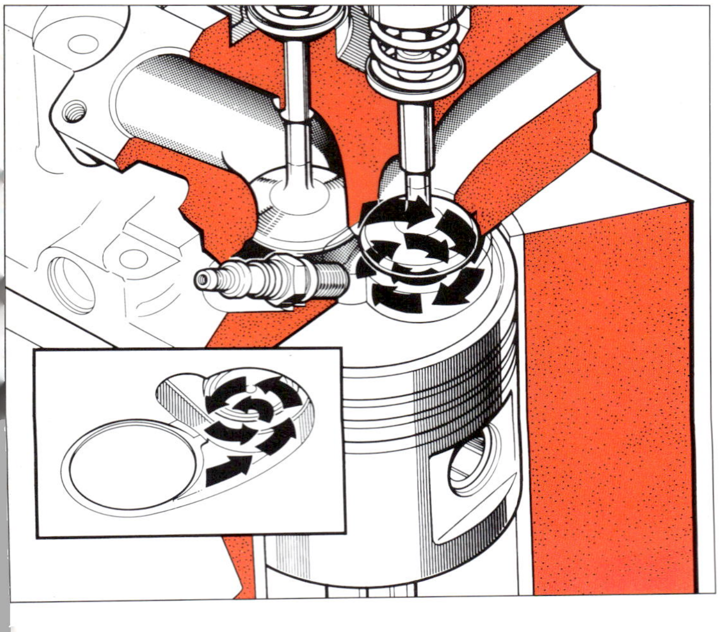

Moteur

Le V12 fut installé pour la première fois sur la Type E en 1971. D'une cylindrée de 5,3 litres et alimenté par quatre carburateurs, il développait alors 266 ch. Sur le V12 monté dans la superbe XJ13 de course, Jaguar opta pour deux arbres à cames en tête par banc de cylindres ; dans un souci de moindre encombrement et, surtout, de réduction de coût, la version routière n'en reçut qu'un. Le moteur était entièrement réalisé en alliage d'aluminium, alors que le six-cylindres en ligne double arbre était en fonte. L'apparition de l'injection puis de la culasse HE, en 1981, lui donna plus de puissance tout en réduisant la consommation. Les premières XJR-S de 1988 reçurent le V12 standard de 286 ch, avec un couple de 42,8 mkg. Fin 1989, JaguarSport accrut la course de 8,5 mm, sans modifier l'alésage. La cylindrée passa alors à 6 litres. La puissance atteignit 318 ch et le couple 49,8 mkg. Le moteur évolua à nouveau en 1991, affichant une puissance de 333 ch et un couple de 50,4 mkg.

Ci-dessous : Sur ce moteur V12 de XJR-S en cours de montage, on distingue les chemises humides, qui baignent dans un liquide de refroidissement circulant entre elles.

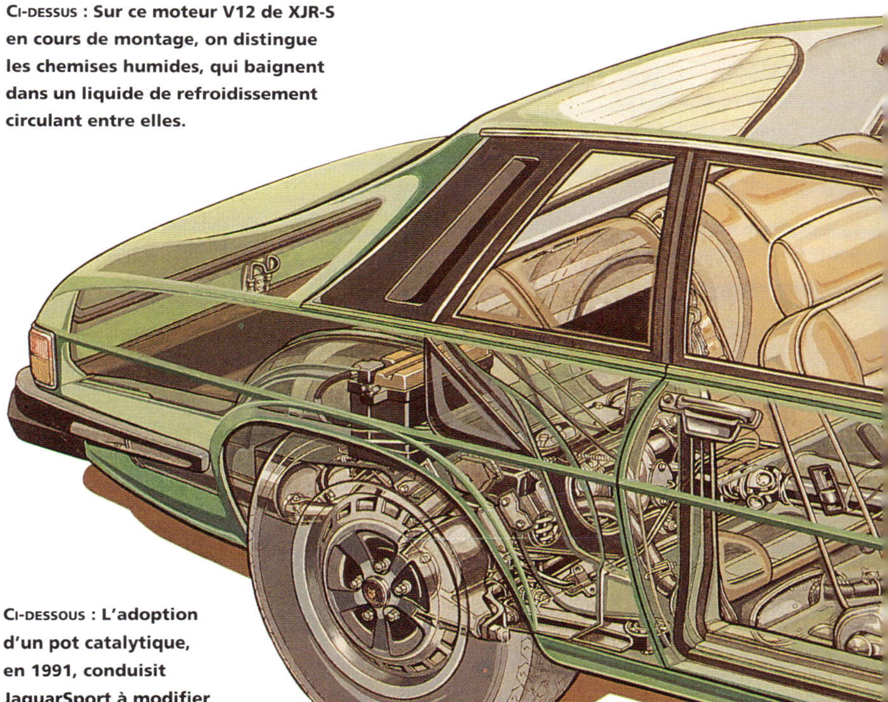

Ci-dessous : L'adoption d'un pot catalytique, en 1991, conduisit JaguarSport à modifier les tubulures d'admission et d'échappement du V12 de la XJR-S.

CI-DESSOUS : JaguarSport mit sa griffe sur le V12 de la XJR-S. La principale modification fut un accroissement de la cylindrée, de 5,3 à 6 litres, obtenu par une augmentation de la course. Comparé au V12 standard, celui de la XJR-S possédait un nouveau vilebrequin, des pistons et des chemises différents, bien que l'alésage soit le même, et un système de gestion électronique Zytek.

CI-DESSOUS : C'est en 1971, sur la Type E, que Jaguar présenta le moteur V12 dont est dérivé celui de la XJR-S. A l'origine, la cylindrée était de 5,3 litres. Bien qu'en alliage, ce moteur était plus lourd que le six-cylindres en ligne double arbre apparu sur les XK. Alimenté par des carburateurs, le premier V12 développait 266 ch, soit 67 ch de moins que celui de la XJR-S, un 6-litres à injection.

CI-DESSOUS : L'adoption de l'injection en remplacement des carburateurs a simplifié le problème du positionnement du moteur sous le capot.

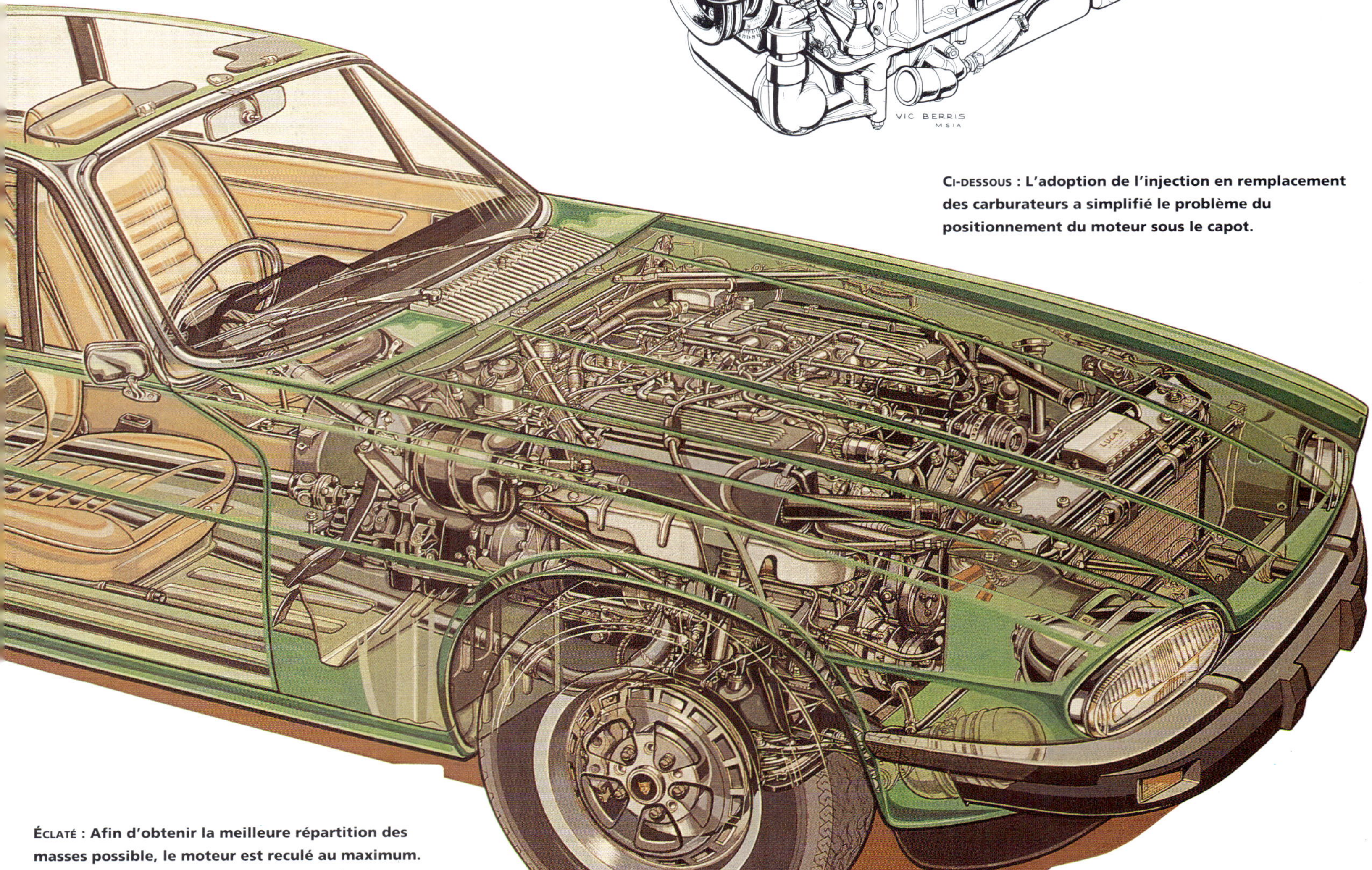

ÉCLATÉ : Afin d'obtenir la meilleure répartition des masses possible, le moteur est reculé au maximum. Bien qu'il soit en alliage léger, ce V12 volumineux est malgré tout assez lourd. On distingue également sur ce schéma la suspension arrière, protégée dans son caisson.

JAGUAR XJ 220

• Les chefs-d'œuvre •

JAGUAR XJ220

Victorieuse à cinq reprises des 24 Heures du Mans dans les années 50, Jaguar renoua avec son prestigieux passé sportif en retrouvant le chemin de la victoire mancelle en 1988. Quelques mois plus tard, une fabuleuse voiture dérivée du modèle de compétition était présentée, la XJ220.

En juin 1988, Jaguar triomphait aux 24 Heures du Mans. En octobre de la même année, John Eagan, patron de la firme, dévoilait une voiture de rêve au Salon de Birmingham, la XJ220. Sans cette gloire retrouvée dans la plus prestigieuse des courses d'endurance, après les 5 succès acquis dans les années 50, la XJ220 n'aurait sans doute jamais vu le jour. Mais une victoire au Mans n'a pas de prix. C'est le passeport pour une notoriété que nombre de constructeurs cherchent à atteindre. Victime de bien des soubresauts qui menacèrent son existence, Jaguar venait de regagner sa place au sein du club très fermé des marques d'exception, et la XJ220 constituait en quelque sorte le point d'orgue de cette renaissance.

Alors qu'elle n'était encore qu'un prototype, la XJ220 fit affluer chez Jaguar un nombre considérable de commandes. La firme créée par sir William Lyons avait retrouvé tout son prestige, et plusieurs centaines de richissimes clients étaient prêts à investir 3,5 millions de francs dans l'héritière de la voiture victorieuse au Mans.

Présentée avec un V12, commercialisée avec un V6 turbo

Fin 1989, les responsables de Jaguar décidèrent de produire la XJ220. Pour satisfaire la demande tout en préservant l'exclusivité, il fut décidé de porter la quantité d'exemplaires produits de 220 (cette première estimation avait été à l'origine de l'appellation du modèle) à 350. Mais ils auraient pu en assembler beaucoup plus...

Le marché de l'automobile de collection et de prestige étant, à cette époque, en pleine euphorie, Jaguar sélectionna ses acheteurs, afin d'éviter une clientèle de spéculateurs. Nombre de ceux qui avaient retenu un modèle furent bien déçus en apprenant qu'ils ne feraient pas partie de cette élite : la XJ220 était réservée aux fidèles de la marque, aux vrais amoureux de Jaguar.

La version définitive apparut au Salon de Tokyo en 1991, trois ans presque jour pour jour après le premier prototype. Quelques changements d'ordre technique étaient intervenus (abandon de la transmission intégrale et remplacement du V12 par un V6 suralimenté), mais esthétiquement la XJ220 restait sublime.

Seulement 30 unités pour la France

La production de la XJ220 fut assurée par JaguarSport, une entité spécialisée dans la compétition dirigée par Tom Walkinshaw. Cet ancien pilote, qui avait créé sa propre écurie, le TWR (R pour racing), avait été à

CI-DESSUS : La Jaguar XJ220 est née pour la vitesse. Ses lignes souples et aérodynamiques lui permettent d'atteindre 335 km/h. Avec la McLaren F1, elle est l'une des rares voitures commercialisées au monde à utiliser l'effet de sol, qui a pour conséquence de la plaquer à la route. La XJ220 est le prolongement du retour victorieux de Jaguar sur les circuits.

CI-DESSUS : Pour la conduite de nuit, les quatre phares de la XJ220, habituellement dissimulés derrière des caches rétractables afin de ne pas nuire à la pureté des lignes du capot, sont extrêmement puissants.

CI-DESSOUS : Avec 2,22 m hors tout aux rétroviseurs extérieurs, la XJ220 est l'une des voitures les plus larges. Plaquée au sol et tapie sur d'énormes pneus, elle est prête à bondir, comme un félin.

l'origine du retour de Jaguar en compétition, d'abord en Championnat d'Europe avec le coupé XJS puis en Championnat du monde des Sport-prototypes (Groupe C).

Fruit du travail d'une petite équipe passionnée qui lui consacra des centaines d'heures en dehors de ses occupations régulières, la XJ220 resta dans son berceau de haute technologie.

La répartition des attributions et des livraisons fut décidée par l'usine. Ainsi, Jaguar France put honorer 30 commandes et, au 1er mars 1993, avait livré 10 voitures au prix d'environ 3,5 millions de francs, ce tarif variant selon la date de mise à disposition. Cette fabuleuse voiture était disponible en quatre coloris : gris, bleu, grenadine et bien sûr vert, en référence au célèbre « british racing green » des Jaguar d'antan.

Mais du passé, la XJ ne revendique que le nom. Outre des lignes saisissantes, elle arbore une technologie de pointe qui n'a vraiment rien à envier à ses rivales allemandes (Porsche 959), anglaises (McLaren F1) ou italiennes (Bugatti EB110, Ferrari F40 et Lamborghini Diablo).

Ci-dessus : La Jaguar XJ220 lors d'essais de vitesse maximale. La petite lumière jaune se reflétant sur le sol à l'arrière est l'un des moyens d'enregistrement optique. Les résultats furent à la hauteur des pronostics des ingénieurs : 335 km/h en pointe et un 0 à 100 km/h en 3,8 secondes.

Page précédente, en bas : Sa longueur et son profil très aérodynamique font paraître la Jaguar XJ220 plus basse encore qu'elle ne l'est en réalité. Avec 1,15 m, elle est même légèrement plus haute que la Ferrari F40, plus trapue.

Au volant de la Jaguar XJ220 : La volupté à 335 km/h

Rares sont ceux qui ont le privilège de goûter aux plaisirs de la Jaguar XJ220. Ce superbe félin au prix exorbitant est aussi véloce qu'une Lamborghini Diablo, et seule la Bugatti EB110 fait mieux, avec 340 km/h !

Ultrarapide, la XJ220 a été testée par des pilotes professionnels, dont le Danois John Nielsen, membre de l'équipe Jaguar qui disputa, avec beaucoup de succès, le Championnat du monde des Sport-prototypes. Sur différentes pistes d'essais, Nielsen a réussi quelques chronos époustouflants : 0 à 100 km/h en 3,8 secondes, 400 m départ arrêté en 11,5 secondes et le kilomètre en 20,3 secondes. 7,3 secondes après avoir démarré, le compteur de vitesse de la XJ220 indiquait déjà 160 km/h.

Le freinage est à la hauteur de l'accélération : 14 secondes pour atteindre les mêmes 160 km/h départ arrêté et revenir à l'arrêt complet.

Alignant de tels chiffres, cette voiture de « série » serait très à l'aise au sein d'un peloton de machines de compétition. Mais la XJ220 reste une pure Jaguar. L'intérieur particulièrement luxueux est sublimé par une ergonomie directement inspirée de la course, sans le côté spartiate, qui se traduit par une position de conduite parfaite, dans une atmosphère de volupté incomparable.

LA JAGUAR XJ220 ET SES RIVALES	Moteur	Cylindrée	Puissance	Couple	Vitesse maxi	0 à 100 km/h	Longueur	Empattement	Voie Av / Ar	Poids	Prix (1993)
Jaguar XJ220	V6, 4 ACT vingt-quatre soupapes double turbo	3 498 cm³	542 ch à 7 000 tr/mn	65,7mkg à 4 500 tr/mn	335 km/h	3,8 s	4,93 m	2,64 m	1,710/1,588	1 375 kg	3 500 000 F
Bugatti EB110	V12, 4 ACT soixante soupapes quatre turbos	3 500 cm³	550 ch à 8 000 tr/mn	60 mkg à 4 000 tr/mn	340 km/h	4,1 s	4,40 m	1,96 m	1,550/1,618	1 618 kg	2 200 000 F
Ferrari F40	V8, 4 ACT trente-deux soupapes double turbo	2 936 cm³	478 ch à 7 000 tr/mn	59,5 mkg à 4 000 tr/mn	324 km/h	4,1 s	4,358 m	2,45 m	1,595/1,606	1 100 kg	1 800 000 F
Lamborghini Diablo	V12, 4 ACT quarante-huit soupapes	5 707 cm³	492 ch à 7 000 tr/mn	59,1 mkg à 5 200 tr/mn	330 km/h	4,1 s	4,46 m	2,65 m	1,540/1,640	1 576 kg	1 549 000 F
McLaren F1	V12, 4 ACT quarante-huit soupapes	6 064 cm³	550 ch à 7 000 tr/mn	61,2 mkg à 4 000 tr/mn	324 km/h	NC	4,288 m	1,82 m	1,568/1,472	1 018 kg	5 300 000 F (HT)

La Jaguar XJ220 à la loupe

Les courses d'endurance sont une composante historique de la culture Jaguar. Dans les années 80, la firme anglaise a renoué avec son brillant passé en Championnat du monde et a retrouvé le chemin de la victoire aux 24 Heures du Mans. La XJ220 est l'héritière de cette étape du renouveau. Elle a été conçue par l'équipe technique de JaguarSport dirigée par Jim Randle. A l'instar de la Jaguar XK SS de 1957, dérivée de la légendaire D et produite à 18 exemplaires seulement, la XJ220 est une évolution routière des différentes XJR de compétition. La production initialement programmée était de 220 unités mais, devant le succès, ce nombre fut porté à 350.

Ci-dessus : Un habitacle digne d'une voiture de course mais doté d'un équipement de très haut standing.

Ci-dessous : Les extracteurs d'air sont placés juste derrière la custode, au-dessus du moteur V6.

Ci-dessus : En dépit de lignes bulbeuses, le Cx de la Jaguar n'est que de 0,36 ; ce coefficient de pénétration dans l'air n'est pas excellent, la McLaren, par exemple, obtenant 0,34.

■ Style

Le dessin de la XJ220 originale présentée au Salon de Birmingham en 1988 est dû à Keith Helfet, l'un des membres de l'équipe de Jim Randle, instigateur du projet. Les dessins ci-dessous sont ceux de cette première mouture. La version définitive fut remodelée par le responsable du design, Richard Owen. L'essentiel des lignes originelles fut conservé. Les retouches portèrent sur un raccourcissement global, notamment de l'empattement (15 cm environ), du fait de l'abandon du moteur V12 au profit d'un V6 plus compact. Les rétroviseurs extérieurs furent revus en fonction d'un usage routier.

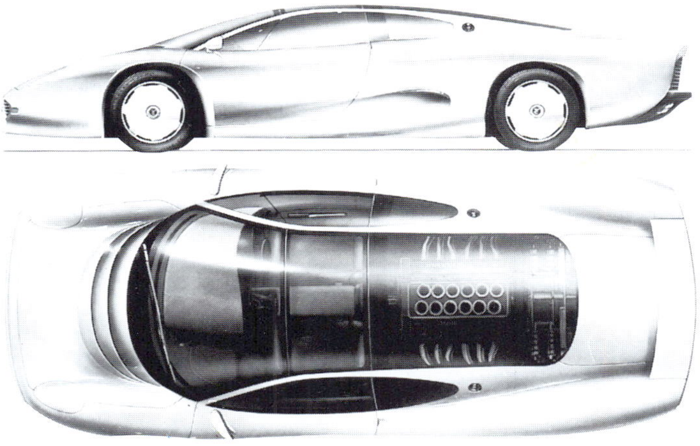

Ci-dessus : Il s'agit du premier prototype de la XJ220, équipé d'un moteur V12.

Ci-dessous : La XJ220 fut dévoilée au Salon de Birmingham en 1988. La production démarra en 1992.

Ci-contre : A l'avant, les prises d'air épousent la ligne de la base du pare-brise.

Ci-dessous : Les clignotants avant sont nichés dans des écopes de chaque côté de la prise d'air.

Ci-contre : A la base des portières, l'air destiné à refroidir les intercoolers est canalisé et filtré.

Ci-dessous : Le diamètre des roues est de 17 pouces à l'avant, 18 à l'arrière.

Ci-dessus : Les poignées des portières sont arrondies, en harmonie avec les lignes générales.

■ Suspension et direction

La XJ220 possède quatre bras triangulés en alliage de longueurs inégales. Les triangles arrière inférieurs ont un profil amont biseauté afin de ne pas créer de zone de turbulences dans le tunnel aérodynamique générant l'effet de sol.
A l'arrière, les suspensions sont fixées sur le support moteur plutôt que sur la transmission.
Les amortisseurs sont des Bilstein à gaz. Des ressorts hélicoïdaux et des barres antiroulis avant et arrière complètent l'ensemble.
Après d'intensives séances d'essais, la géométrie des suspensions ne subit pas de modifications, l'ensemble ayant donné, d'emblée, totale satisfaction. La direction, non assistée, est à crémaillère.

Ci-dessous : Le petit étrier, en bas à droite, est celui du frein à main.

■ Moteur

Présentée avec un V12 à quarante-huit soupapes, la Jaguar XJ220 a été commercialisée avec un V6 suralimenté identique à celui qui est utilisé dans les courses de Sport-prototypes, mais adapté à une utilisation routière.
Les vingt-quatre soupapes, d'un diamètre inférieur de 2 mm à celui des soupapes de course, sont commandées par une double courroie crantée ; autre différence, chaque banc de cylindres possède une culasse d'une seule pièce.
Les deux turbocompresseurs Garrett T3, avec intercoolers, soufflent à une pression de 1 bar, le taux de compression du moteur s'établissant à 8,3 : 1. Le choix du V6 turbo a été dicté par plusieurs facteurs : premièrement, l'encombrement moindre par rapport au V12 ; deuxièmement, la garantie d'obtenir une puissance élevée (542 ch) et un couple très important (65,7 mkg) à un régime raisonnable (4 500 tr/mn).

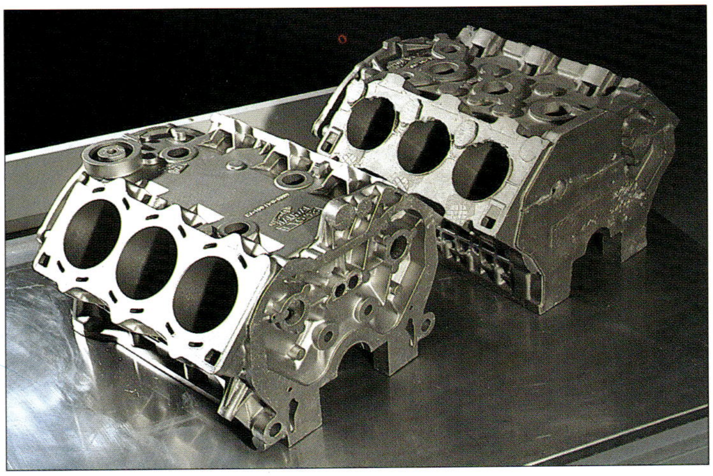

Ci-dessus : A l'origine, la XJ220 devait être propulsée par un V12. La solution du V6, plus compact, fut retenue. On voit ici un bloc brut de fonderie, à droite, et un bloc usiné.

■ Châssis et carrosserie

La structure de la XJ220 a recours à une technologie utilisée en compétition et proche de celle de l'aéronautique. La caisse, constituée d'une ossature rigide réalisée en nid d'abeilles d'aluminium, lui confère extrême robustesse et faible poids. Le procédé développé par Alcan, appelé « Aluminium Structured Vehicle Technology », ou ASVT, permet de créer, à poids égal, une structure plus résistante que les éléments mécanosoudés. L'ensemble est encore renforcé par un arceau en acier laminé.
Les panneaux externes de carrosserie sont en aluminium embouti, et les plans de sustentation comme les ouïes des prises d'air en matériau composite.

Ci-contre : Le châssis de la XJ220 est fait en nid d'abeilles d'aluminium, une solution garantissant une rigidité extrême pour un poids minimum. L'ensemble est renforcé par un arceau en acier laminé.

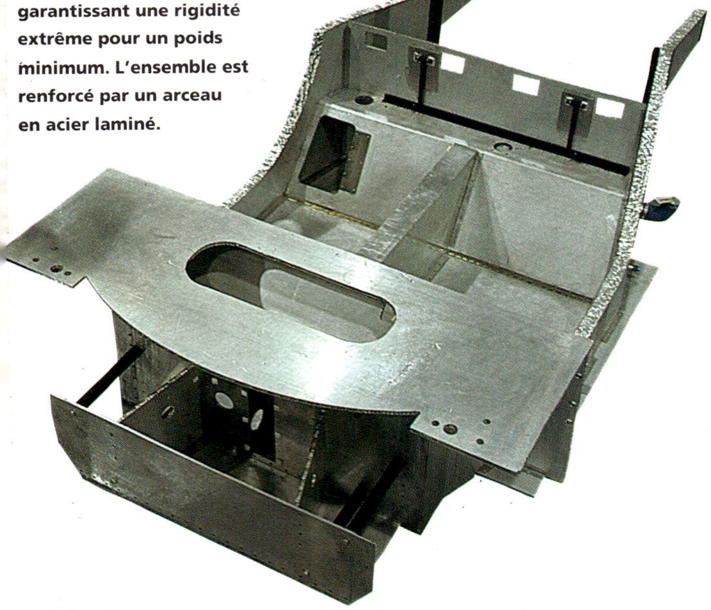

Éclaté : Le radiateur, placé à l'avant, est incliné afin de s'insérer sous la ligne plongeante du capot. Les deux ventilateurs contrôlés par un système électrostatique se mettent en marche automatiquement. Les intercoolers servant à refroidir les turbos sont positionnés latéralement, derrière les portières. Le moteur est en position centrale arrière, et les suspensions à bras triangulés superposés sont de longueurs inégales. Les pneus sont exclusivement des Bridgestone Expedia S-01 unidirectionnels à dessin asymétrique.

A gauche : Le V6 3,5 litres de la XJ220 (sans culasses sur ce document) est directement dérivé du moteur des Jaguar qui disputèrent le Championnat du monde des Sport-prototypes. Les quatre arbres à cames sont entraînés par des courroies crantées. Ce moteur développe 542 ch à 7 000 tr/mn.

Ci-dessus : Le recours à une lubrification par carter sec rend le V6 3,5 litres encore plus compact.

Ci-dessous : Le V6 sans les deux turbos. L'éclaté ci-dessous permet de voir leur emplacement, latéralement et à la base du bloc, juste derrière les intercoolers servant à les refroidir.

Ci-dessus : Quand la mécanique s'apparente à l'orfèvrerie : toutes les pièces composant ce V6 d'exception. On distingue en bas le vilebrequin à quatre paliers et, en haut, les six pistons et les vingt-quatre soupapes.

JAGUAR XJR-9LM

• Les chefs-d'œuvre •

JAGUAR XJR-9LM

En 1988, trente et un ans après la victoire de la Type D, Jaguar renoua avec le succès aux 24 Heures du Mans grâce à la XJR-9LM. Cette victoire hautement symbolique fut le point d'orgue du retour de la marque anglaise en compétition, au plus haut niveau.

CI-DESSUS : **Bien que classées seulement quatrième et seizième, les deux autres Jaguar XJR-9LM participent au triomphe de la voiture qui remporte l'épreuve, franchissant avec elle la ligne d'arrivée des 24 Heures du Mans en 1988.**

Avant d'arriver à un tel résultat, il fallut deux ans de préparation à Jaguar et à son antenne compétition, le TWR (Tom Walkinshaw Racing). Il fallut également la renaissance du Championnat du monde des Voitures de sport-prototypes et le regain d'intérêt des grands constructeurs pour les épreuves d'endurance.

Le premier succès de la XJR remonte aux 6 Heures de Silverstone, en 1986, dû à Derek Warwick et Eddie Cheever. Mais pour Tom Walkinshaw, la cheville ouvrière du programme sportif de Jaguar, le but suprême restait bien entendu les 24 Heures du Mans, qui avaient définitivement assuré la gloire de la firme dans les années 50 avec les fameuses XKC puis XKD (ou Type C et Type D).

Tom Walkinshaw, Écossais né à Édimbourg, avait été un excellent pilote professionnel tout en assurant un remarquable travail de préparateur. Ingénieur de talent, il amena les Jaguar XJ-S au titre européen en catégorie Tourisme au début des années 80. Ce défi brillamment relevé ayant convaincu les dirigeants de Jaguar des bienfaits de la compétition sur l'image de marque comme sur les résultats commerciaux, restait à passer la vitesse supérieure.

Le Groupe C offrit alors, en 1985, l'occasion de développer une vraie voiture de course, la XJR-6, animée par un V12 de 7 litres, dérivé du groupe de 5,3 litres équipant le coupé XJ-S. Face aux redoutables mécaniques suralimentées des Sauber-Mercedes et des Porsche 956-962, la Jaguar misait sur les qualités de son châssis particulièrement élaboré, et sur celles d'une étude aérodynamique soignée.

A DROITE : **A la nuit tombante, les Jaguar ont engagé la bataille avec les Porsche usine, et la première place a changé vingt-deux fois de titulaire en moins de douze heures. Ici, la future gagnante sort du virage Ford qui commande la ligne droite des stands.**

A GAUCHE : **Les Porsche 962C ne laissèrent aucun répit aux Jaguar et, à l'arrivée, la XJR-9LM gagnante possédait à peine un demi-tour d'avance sur la Porsche classée deuxième.**

A GAUCHE : **Derrière un trio de Porsche 962 qui occupent les premières places sur la grille de départ des 24 Heures en 1988, la XJR-9LM de Lammers-Dumfries-Wallace s'apprête à s'élancer devant les deux autres Jaguar Silk Cut. Vingt-quatre heures plus tard, la n° 2 l'emportera.**

En dépit de ces atouts, les XJR-6 eurent du mal à suivre le train : l'absence de turbocompresseur fit souvent défaut à leur moteur et, surtout, leur évolution fut retardée par des ennuis techniques mineurs, fruits de l'inexpérience du TWR en matière de voitures spécifiquement destinées à la compétition – cette unité étant jusqu'alors principalement spécialisée dans le développement de voitures de tourisme pour la course. Si la victoire de Silverstone permit de sauver cette première saison, on déplora des incidents peu graves mais qui coûtèrent un certain nombre de succès, en particulier à Monza, à Jerez et au Nürburgring. En revanche, les 3 voitures alignées au Mans, en dépit d'un excellent début de course, montrèrent vite leurs limites : aucune d'entre elles ne figura à l'arrivée.

Un titre mondial dès 1987

Conçue par l'ingénieur Tony Southgate, la XJR-8 était infiniment plus compétitive. Elle domina outrageusement le championnat mondial, remportant 8 victoires assorties de plusieurs doublés. Restaient les 24 Heures du Mans. Aux essais préliminaires du mois de mai, les Jaguar se montrèrent les plus rapides du lot. Les belles anglaises firent la course en tête jusqu'à la tombée de la nuit mais au petit matin, alors que la Porsche 962 usine de Bell-Stuck/Holbert s'envolait vers la victoire, une seule « Jag » était encore en piste qui termina, non sans mal, cinquième.

En 1988, fort de l'expérience, Southgate créa pour les 24 Heures une version spécifique de la Jaguar Groupe C, la XJR-9LM, dont la caractéristique la plus évidente concernait la carrosserie, extrêmement soignée au plan aérodynamique. L'équipe, engagée à fond dans la conquête d'un nouveau titre que lui contestait absolument l'écurie Sauber-Mercedes (constructeur suisse représentant officiel de la firme à l'étoile), pouvait compter sur le renfort de Martin Brundle, déçu par sa difficile saison 1987 en Formule 1. L'Anglais avait pour mission de contrer Jean-Louis Schlesser pour le titre Pilotes…

Bien que soumis à un régime épuisant puisqu'il courait également en IMSA aux États-Unis les week-ends pendant lesquels il ne s'alignait pas dans les épreuves du Championnat du monde, Brundle fut le meilleur représentant de l'écurie. Il le prouva en remportant, avec Eddie Cheever, les courses de Jarama, de Monza et de Silverstone. Au Mans cependant, Brundle, associé au Danois John Nielsen, joua de malchance : tout d'abord, Nielsen s'ensabla au « virage d'Indianapolis » et perdit 2 tours; puis des problèmes mécaniques s'en mêlèrent, et la Jaguar abandonna sur une rupture du joint de culasse…

Jaguar retrouve au Mans le podium des vainqueurs

Mais revenons aux essais de ces 24 Heures en 1988. Les Sauber-Mercedes y furent victimes d'un nombre impressionnant de déchapages à grande vitesse dans l'interminable

■ Moteur

La mécanique de la XJR-9 était dérivée du V12 de 5,3 litres du coupé XJ-S, mais avec une cylindrée portée à 7 litres. Bloc, culasses et pistons étaient en alliage d'aluminium ; les bielles étaient en acier et titane. Le vilebrequin en acier forgé tournait sur sept paliers. Avec un taux de compression de 12,8 : 1, ce V12 développait 700 ch à 7 000 tr/mn, et affichait un couple phénoménal de 84 mkg à 5 500 tr/mn. Il pesait 240 kg, avec ses accessoires et l'embrayage, mais sans les tubulures d'échappement : un poids relativement élevé, conséquence de l'utilisation comme base de départ d'un moteur de série. Il y avait seulement deux soupapes par cylindre, l'unique arbre à cames par rangée de cylindres étant entraîné par chaîne.

Le système d'injection était contrôlé électroniquement, avec le collecteur d'admission au centre du « V » et des injecteurs pour chaque cylindre. L'échappement comprenait des tubulures séparées, se rejoignant par groupes de six pour déboucher dans un conduit unique par banc de cylindres. Le graissage était à carter sec, avec un radiateur d'huile monté sur le côté.

■ Châssis

Lors des 24 Heures de 1987, la Jaguar de Win Percy effectua plusieurs tonneaux : la formidable capacité de résistance aux chocs du châssis – auquel le V12 était boulonné, constituant un élément porteur de la partie arrière de la structure – permit au pilote de s'en sortir sans une égratignure. Ce fut une excellente démonstration de la grande solidité du châssis monocoque dessiné par Southgate, fabriqué en fibre de carbone et matériaux composites à base de Kevlar. Le dessous de la voiture comprenait des venturis, alors autorisés par le règlement, destinés à provoquer un effet de sol.

La construction de la carrosserie deux portes, deux places, était conforme à la réglementation des Championnats de Sport-prototypes ainsi qu'IMSA.

Ci-contre : L'aileron arrière est le plus grand utilisé sur les XJR-9, et n'équipait donc pas la version destinée au Mans, munie d'un aileron beaucoup plus petit. L'inclinaison de la lame arrière est variable en fonction des circuits.

Ci-contre : Le moteur V12 de la Jaguar utilisait la base de la mécanique montée en série sur certains modèles de la gamme. Il y avait toutefois d'énormes différences entre le moteur 5,3 litres d'origine et celui de la XJR-9, à commencer par la cylindrée, portée à 7 litres (alésage x course : 94 mm x 84 mm). Le taux de compression atteignait près de 13 : 1. Bien que le moteur eût été considérablement renforcé (utilisant notamment des bielles en titane et un amortisseur de vibrations sur le vilebrequin), la configuration originelle avait été conservée, avec un unique arbre à cames par rangée de cylindres et seulement deux soupapes par cylindre ; tous les moteurs concurrents étaient dotés de mécaniques plus sophistiquées.

Ci-contre : Ce moteur V12 n'est pas celui de la XJR-9LM, c'est le très moderne V12 de 5 litres étudié pour équiper la fameuse XJ13 à moteur central destinée à assurer, au Mans et ailleurs, la succession des Jaguar D à partir de 1960. Ce qu'elle ne fit jamais... Toutefois, ce moteur constitua la base du V12 en alliage d'aluminium d'abord utilisé sur les Type E V12, puis sur les XJ12 et XJ-S avant son extrapolation course réservée aux XJR.

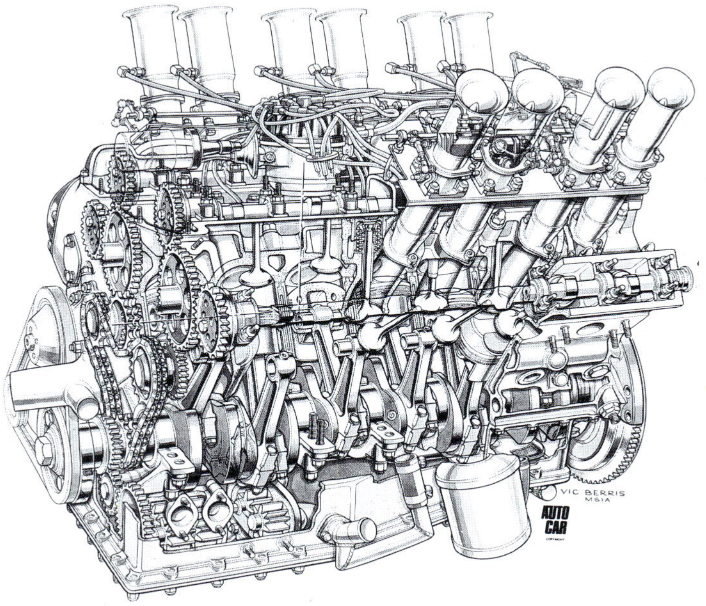

Ci-dessus : De toute évidence, le moteur de la XJ13 était construit pour la course, comme en témoignent certaines solutions mécaniques telle la commande des arbres à cames en tête par cascade de pignons et non par chaîne. Ce moteur délivrait 502 ch à 7 600 tr/mn, ce qui est à mettre en parallèle avec les 291 ch de la XJ-S V12 et avec les 745 ch du moteur de la XJR-9, d'une cylindrée de 2 litres supérieure à celle de ce moteur XJ13.

Ci-contre : Le triangle supérieur de suspension et le frein à disque avant sont visibles ici, sous la découpe de l'aile. Les freins à disque de fabrication AP étaient en fonte, avec pas moins de trente-deux ailettes de refroidissement qui n'étaient pas superflues, surtout pendant les 24 Heures du Mans.

Ci-dessous : Cette vue révèle la XJR-9LM sans carrosserie. Le gros moteur V12 est placé le plus au centre possible afin d'obtenir une bonne répartition des masses. De ce fait, l'avant du moteur pénètre légèrement dans l'arrière du réservoir central de carburant. Le résultat obtenu est excellent : 40-60 entre l'avant et l'arrière.

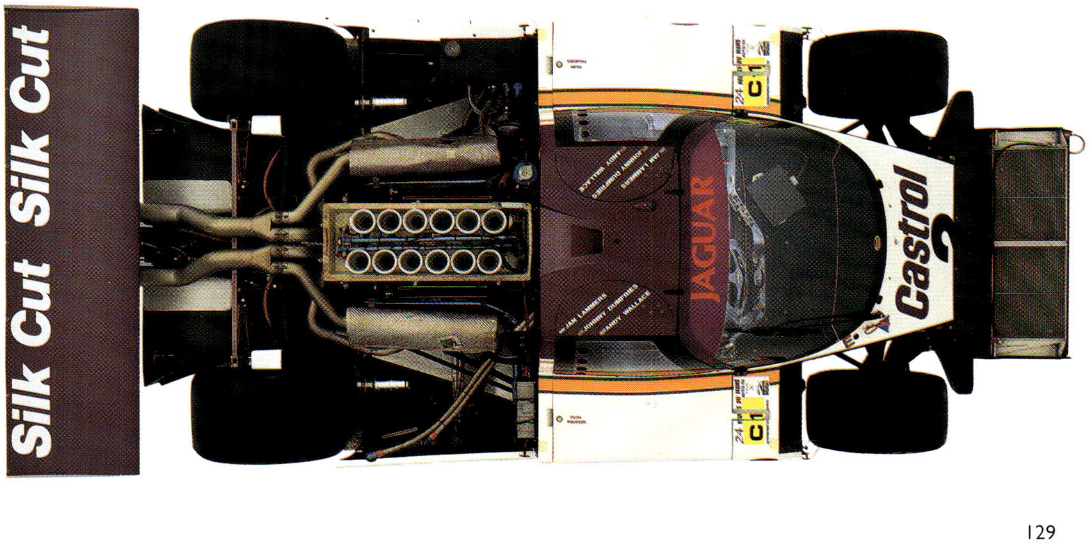

Éclaté : Le V12 atmosphérique comportait un dispositif d'échappement « six-en-trois », puis « trois-en-un », pour chaque rangée de cylindres. Les échappements étaient ensuite dirigés vers le haut afin de dégager les venturis. Le moteur était utilisé comme élément porteur des suspensions, avec un renforcement par des barres d'acier, que l'on distingue convergeant vers l'arrière depuis la cellule centrale.

Ci-dessus : Jaguar en course en 1954.

Jaguar Cars Ltd

Bien que la première voiture à porter le seul nom de Jaguar ne soit apparue qu'en 1945, les origines de la marque remontent aux années 20, à Blackpool, alors que la production concernait des side-cars.

Au début, cette modeste affaire, propriété commune de William Lyons et de William Walmsley, fabriquait les side-cars Swallow. Rapidement, les deux hommes élargirent leurs activités avec la modification de voitures de série et s'établirent à Coventry. La première voiture « maison », la SS, fut produite en 1931. Toute une gamme fut ainsi développée jusqu'en 1935 sous le nom de SS-Jaguar. Leur style était signé William Lyons.

William Walmsley quitta la marque en 1935 et ses actions furent vendues au public – Lyons devait rester actionnaire majoritaire jusqu'en 1972, année de son départ.

En 1945, pour des raisons évidentes, l'appellation SS fut supprimée au bénéfice du seul nom de Jaguar. L'essor de la firme rendit nécessaire l'installation dans de nouveaux locaux au début des années 50, toujours à Coventry : l'usine de Browns Lane, Allesley, site qui n'a plus changé depuis.

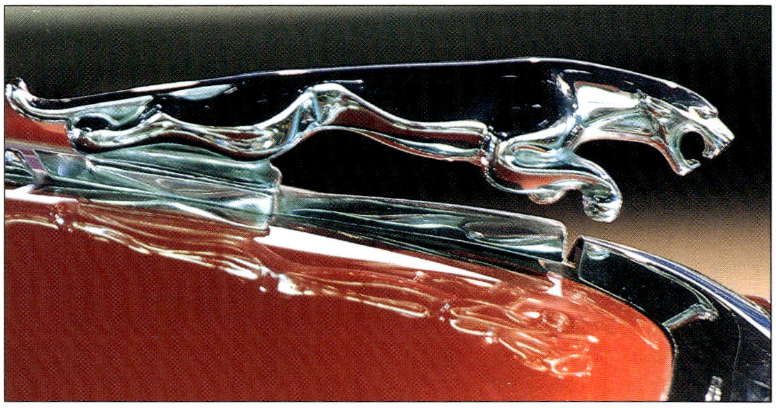

Ci-dessus : Jaguar, symbole de l'élégance féline des voitures créées par William Lyons. Cette figurine n'apparaît plus, hélas, sur les voitures actuelles.

Ci-dessus et ci-contre : Avant la Seconde Guerre mondiale, les voitures de Lyons s'appelaient SS ; la plus connue d'entre elles fut la SS100.

Après la guerre, la notoriété des Jaguar grimpa rapidement, notamment grâce à leur style très moderne et aux mécaniques brillantes dont elles étaient équipées, comme le célèbre six-cylindres en ligne double arbre de la XK120. Dans les années 50, avec 5 victoires aux 24 Heures du Mans en sept ans, grâce à des modèles comme les C et les D, Jaguar était devenu une référence en matière de voitures de sport dans le monde entier. Dans le cadre de son extension au cours de la décennie suivante, la firme absorba Daimler en 1960 (ce nom allait devenir le label de prestige de Jaguar), Coventry-Climax en 1963 ainsi que les fabricants de moteurs Henry Meadows et Guy Motors.
Autour de la berline monocoque 2,4 litres, Jaguar allait décliner toute une lignée de modèles à succès, la série Mk II, les S et les 420. Parallèlement, les années 60 voyaient également la naissance de la célébrissime Type E, symbole de toute une époque et aussi, dans un genre très différent, de la grosse berline Mk X. De 10 000 unités en 1955, la production était passée à 25 000 en 1965.
William Lyons, anobli dans les années 50, s'associa avec BMC en 1966, ce qui eut pour conséquence de faire passer sa marque dans le giron de British Leyland en 1968. C'est alors qu'apparut la magnifique berline XJ6 équipée, à partir de 1971, du non moins magnifique moteur V12. La production annuelle grimpa jusqu'à 32 500 unités avant que British Leyland ne parte à la dérive. A cette époque la qualité, et donc l'image, de l'industrie automobile anglaise était au plus bas et Jaguar en subit gravement les dommages. Englué dans les problèmes de la compagnie nationalisée, Jaguar fut privatisé en 1984. Sir William Lyons fut nommé président d'honneur par John Egan avant de mourir début 1985. Une nouvelle génération de la berline XJ6 fait son apparition en 1986 mais, alors que la production est passée à 50 000 unités par an, les difficultés financières resurgissent et Ford rachète la marque en 1989. De nouvelles victoires au Mans sous la houlette de Tom Walkinshaw, une gamme modernisée et une fabuleuse XJ220 en porte-drapeau ont remis Jaguar sur les rails.

CI-DESSUS : La plus célèbre des Jaguar, la Type E : une ligne unique, des performances de tout premier plan et un prix de vente relativement bas.

CI-DESSOUS : La fabuleuse Jaguar XJ220, présentée après le retour victorieux aux 24 Heures du Mans en 1988.

1948 1951 JAGUAR Mk V

La Mk V fut un modèle intérimaire, trait d'union entre le style d'avant guerre et celui d'après guerre, une 3,5-litres des années 30 mise au goût du jour. Elle fut conçue à la hâte pour permettre à Jaguar d'être présent sur le marché en attendant l'imposante Mk VII, dont l'industrialisation fut plus longue que prévu. William Lyons conçut deux types de carrosserie, une classique berline à quatre portes et un cabriolet, dernier du genre à être dérivé d'une grosse berline chez Jaguar. L'empreinte des SS-Jaguar est très forte, avec la forme caractéristique des ailes, les phares proéminents et la toute petite vitre arrière.
Toutefois, sous cette robe « bâtarde », la Mk V cachait un châssis qui se rapprochait de celui de la formidable XK120 et qui lui conférait un comportement routier de tout premier plan.
La Mk V ne fut produite que d'octobre 1948 à juin 1951. Jusqu'à la fin de 1950, il sortit des chaînes 1 690 berlines et 29 cabriolets équipés du moteur 2,5 litres.
Apparues en mars (berline) et septembre (cabriolet) 1949, les versions dotées du 3,5-litres furent bien plus nombreuses, respectivement 7 831 et 972 exemplaires, soit, pour l'ensemble de la Mk V, un total de 10 522 unités.

caractéristiques

Modèle 1949
Moteur : six-cylindres en ligne, soupapes en tête
Alésage x course : 82 mm x 110 mm
Cylindrée : 3 485 cm^3
Puissance maximale : 125 ch
Transmission : boîte de vitesses manuelle à quatre rapports ; propulsion
Châssis : séparé avec longerons
Suspension : roues avant indépendantes avec barres de torsion ; essieu arrière rigide avec ressorts à lames semi-elliptiques
Freins : quatre tambours
Carrosserie : berline quatre portes, cinq places en acier et coupé-cabriolet en bois et acier
Vitesse maximale : 146 km/h

CI-CONTRE : Première Jaguar d'après guerre, la Mk V, propulsée par un moteur 3,5 litres de 125 ch, est un modèle de transition entre deux styles.

1949 1954 JAGUAR XK120

A l'origine, il ne s'agissait que d'un exercice de style; finalement, c'est devenu l'un des grands classiques de l'histoire de l'automobile qui, au fil des évolutions, en XK140 et XK150, aura été produit pendant une douzaine d'années à plus de 30 000 exemplaires, dont 12 055 pour la seule XK120 dans ses 3 versions : roadster (7 612), coupé (2 678) et cabriolet (1 765).

En 1948 donc, au Salon de Londres, Jaguar présente un roadster aux lignes sensationnelles et capable d'atteindre 120 miles à l'heure (soit environ 193 km/h), d'où son appellation. La carrosserie en aluminium est fixée sur une carcasse de bois, du hêtre précisément, retenu pour ses qualités de résistance et de préformage. Équipée d'une suspension avant à roues indépendantes et du châssis raccourci de la Mk V, elle affiche des qualités routières exceptionnelles. Et le plaisir est décuplé par l'adoption, pour la première fois au monde, d'un moteur à double arbre à cames en tête. Jaguar avait prévu de produire une autre version, plus modeste, propulsée par un moteur à quatre cylindres, mais cette XK100 ne vit jamais le jour. Seuls les 242 premiers modèles furent construits selon le procédé aluminium-bois, tous les autres recevant une carrosserie en acier dès le printemps 1950. Ainsi, les cadences de production purent être accélérées, notamment pour satisfaire la demande de la clientèle américaine, qui réserva un accueil plus qu'enthousiaste à la XK120. Pourtant, celle-ci ne s'étant jamais vraiment bien acclimatée aux fortes températures et aux embouteillages, les problèmes de surchauffe furent légion. Si, comme toutes les sportives anglaises de l'époque, la XK120 nécessitait une certaine virilité, elle procurait en revanche un immense plaisir de conduite.

CI-DESSUS : On est en droit de penser que Williams Lyons s'est inspiré de la superbe BMW 328 en concevant la Jaguar XK120.

CI-DESSUS : Si la XK120 avait été, avant tout, créée en roadster, la version Coupé ne manquait pas d'allure.

CI-DESSOUS : La XK120 Roadster fut la première et de loin la plus diffusée de toutes.

■ Jaguar XK120 Coupé

Ce modèle, essentiellement destiné à l'exportation, fut produit de mars 1951 à septembre 1954.

■ Jaguar XK120 Cabriolet

Alors que le roadster était la version « pure et dure » de la voiture de sport anglaise, le cabriolet était un peu plus bourgeois, puisque doté d'une capote fixe. Ce fut la dernière évolution du thème XK120, apparue en avril 1953 seulement.

■ Jaguar XK120 SE

La SE (Special Equipment) se distinguait surtout par le moteur de 180 ch.

caractéristiques

Modèle 1949
Moteur : six-cylindres en ligne, double arbre
Alésage x course : 83 mm x 106 mm
Cylindrée : 3 442 cm^3
Puissance maximale : 160 ch
Transmission : boîte de vitesses manuelle à quatre rapports; propulsion
Châssis : acier type échelle
Suspension : roues avant indépendantes avec barres de torsion; essieu arrière rigide avec ressorts à lames semi-elliptiques et amortisseurs à leviers
Freins : quatre tambours
Carrosserie : bois et aluminium puis acier : roadster, coupé et cabriolet
Vitesse maximale : 193 km/h

1954 1957 JAGUAR XK140

A partir d'octobre 1954, la XK120 devint XK140 : le moteur était légèrement avancé, ce qui permettait de gagner un peu d'espace dans l'habitacle. La partie arrière avait été redessinée et des pare-chocs plus gros avaient remplacé les petites barres chromées des modèles précédents. Il est vrai que cette voiture avait un énorme succès aux États-Unis et qu'il fallait se conformer à la réglementation locale.

Sur le plan mécanique, l'adoption d'une nouvelle crémaillère de direction et des amortisseurs télescopiques rendaient la conduite plus agréable. La XK140 reçut également quelques spécificités de la XK120 SE, comme les barres de torsion avant et le six-cylindres double arbre de 180 ch. Une boîte de vitesses à quatre rapports et overdrive était désormais disponible.

Toutes versions confondues, d'octobre 1954 à février 1957, Jaguar a produit 8 951 XK140; 385 cabriolets et 396 coupés furent équipés d'une transmission automatique Borg Warner.

Jaguar XK140 Coupé

Comme c'était le cas pour la XK120, la XK140 exista sous trois formes de carrosserie mais qui furent présentées simultanément. Le coupé était similaire à un détail près, important : l'habitacle était plus spacieux et deux places d'appoint avaient été aménagées. 2 808 exemplaires furent produits.

Jaguar XK140 Cabriolet

Alors que le roadster n'avait qu'une protection de l'habitacle à l'arrêt (un « tonneau-cover »), la version cabriolet, également dotée de deux places « de secours », disposait d'une capote. On dénombra 2 789 exemplaires, contre 3 354 roadsters.

Ci-dessus : La XK140 est l'évolution de la XK120. Elle s'en différencie par un moteur placé plus en avant.

caractéristiques

Modèle 1954
Moteur : six-cylindres en ligne, double arbre
Alésage x course : 83 mm x 106 mm
Cylindrée : 3 442 cm^3
Puissance maximale : 180 ch
Transmission : boîte de vitesses manuelle à quatre rapports avec overdrive en option ; propulsion
Châssis : séparé avec longerons
Suspension : roues avant indépendantes ; essieu arrière rigide
Freins : quatre tambours
Carrosserie : roadster, coupé et cabriolet
Vitesse maximale : 193 km/h

Ci-dessus : Vue de face, la XK140 est facile à distinguer de la XK120 grâce à ses pare-chocs et à sa grille de calandre.

Ci-dessous : La XK140 Coupé offrait un habitacle plus spacieux que celui de la version analogue de la XK120.

1957 1961 JAGUAR XK150

La toute dernière lignée des Jaguar XK, la 150, fut fabriquée de mai 1957 à octobre 1960 à 9 395 exemplaires : 4 450 coupés, 2 682 cabriolets et 2 263 roadsters. Elle était techniquement plus moderne, en particulier grâce à ses quatre freins à disque, mais, esthétiquement, elle marquait un certain essoufflement d'un concept qui allait être balayé par un modèle qui fit autant sensation que la XK120 à sa présentation, la Type E.

Les lignes de la XK150 sont loin de manquer de charme ; mais l'absence de découpe de porte, le pare-brise bombé d'un seul tenant, une grille de radiateur nettement plus large marquent une rupture définitive avec le style sportif des générations précédentes. Quant à la version coupé, elle s'apparente plus à une berline. Les premières versions de la XK150 reçurent exclusivement le légendaire moteur six cylindres en ligne de 3 442 cm^3, mais un 3 781 cm^3 fit son apparition en octobre 1959.

■ Jaguar XK150S

La dernière évolution de la XK150 fut la version 150S, lancée en 1958. Elle était disponible soit avec le moteur 3,4 litres, soit avec le 3,8-litres. Dans les deux cas, les puissances étaient accrues, à respectivement 250 et 265 ch. Les 3,4-litres représentèrent la majorité des ventes : 1 191 unités, contre 275 pour celles équipées du plus gros moteur.

Ci-dessus : La XK150 était équipée de freins à disque, une solution technique expérimentée avec succès par Jaguar aux 24 Heures du Mans.

Ci-contre : La XK150 fut la dernière de la lignée des XK. Elle était la plus luxueuse de toutes et aussi la plus performante, avec une vitesse de pointe de près de 220 km/h pour la XK150S équipée du moteur de 3,8 litres.

Ci-dessous : La grille de radiateur plus large, le pare-brise bombé et les portes « pleines » sont les principales différences esthétiques entre la XK150 et les XK120 et XK140.

caractéristiques

XK150S 1959

Moteur : six-cylindres en ligne, double arbre
Alésage x course : 87 mm x 106 mm
Cylindrée : 3 781 cm^3
Puissance maximale : 265 ch
Transmission : boîte de vitesses manuelle à quatre rapports avec overdrive en option
Châssis : séparé avec longerons
Suspension : roues avant indépendantes ; essieu arrière rigide
Freins : quatre disques
Carrosserie : acier : roadster, coupé et cabriolet
Vitesse maximale : 217 km/h

1950 1961 JAGUAR Mk VII

La Mk VII fut la toute première nouvelle berline Jaguar. Elle utilisait le nouveau châssis de la Mk V et le moteur double arbre de la XK120. La carrosserie, inédite, était fabriquée chez Pressed Steel, à Cowley.

Elle cohabita un moment avec la Mk V, modèle intérimaire produit uniquement en attendant que le carrossier soit en mesure de fabriquer la Mk VII. Bien que de grandes dimensions (5 m de long) et lourde (près de 1 800 kg), la Mk VII était très rapide (plus de 160 km/h) et avait un excellent comportement routier; sa carrière, sous une forme ou sous une autre, allait durer plus d'une décennie. Bien peu d'autres berlines anglaises pouvaient revendiquer de telles qualités, et la Mk VII fut un succès commercial car elle était relativement bon marché, une politique chère à William Lyons. En plus des performances, la Mk VII était particulièrement bien présentée, ayant un intérieur aménagé avec beaucoup de goût où le cuir et le bois dégageaient une atmosphère unique.

En dix ans, l'ensemble de la lignée Mk VII, à savoir le modèle d'origine puis les évolutions Mk VII M, Mk VIII et Mk IX, fut produit à 45 837 exemplaires répartis de la façon suivante : Mk VII, de 1950 à 1954 : 20 239; Mk VII M, de 1954 à 1957 : 9 261; Mk VIII, de 1956 à 1959 : 6 332; Mk IX, de 1958 à 1961 : 10 005. Ce furent les dernières Jaguar fabriquées avec un châssis séparé. Parmi les améliorations apportées figurèrent la transmission automatique Borg Warner (option à partir de 1953) et l'overdrive Laycock de Normanville (1954).

Ci-dessous : Avec un six-cylindres double arbre de 3,4 litres identique à celui de la XK120, la Mk VII avait une vitesse de pointe de 164 km/h.

Jaguar Mk VII M

Évolution produite de 1954 à 1957, équipée d'un moteur modifié d'une puissance de 190 ch. Extérieurement, nouveaux phares antibrouillard et pare-chocs simplifiés.

Jaguar Mk VIII

Ce modèle succéda à la Mk VII M. Extérieurement, les principales différences résidaient dans l'abandon du pare-brise en deux parties au profit d'une vitre unique et de l'adoption, sur demande, d'une peinture à deux tons. Côté mécanique, grâce à une nouvelle culasse, la puissance passait à 210 ch.

Ci-dessus : La Jaguar Mk VII était une imposante berline qui, sous des airs très classiques, revendiquait des performances et un comportement routier de tout premier plan grâce à de nombreux éléments empruntés à la série XK, notamment le moteur double arbre. Ce fut le dernier modèle à utiliser un châssis séparé.

Jaguar Mk IX

Ultime déclinaison sur le thème Mk VII produite jusqu'en septembre 1961 : augmentation de la cylindrée (3 781 cm^3), de la puissance (220 ch), quatre freins à disque et direction assistée.

caractéristiques

Modèle 1951
Moteur : six-cylindres en ligne, double arbre
Alésage x course : 83 mm x 106 mm
Cylindrée : 3 442 cm^3
Puissance maximale : 160 ch
Transmission : boîte de vitesses manuelle à quatre rapports, overdrive en option ou automatique à trois rapports; propulsion
Châssis : séparé à longerons
Suspension : roues avant indépendantes; essieu arrière rigide
Freins : quatre tambours
Carrosserie : berline quatre portes
Vitesse maximale : 164 km/h

1952 1953 JAGUAR TYPE C

Après s'être timidement impliqué en compétition en 1950, Jaguar décida de passer la vitesse supérieure l'année suivante et construisit une voiture pour les 24 Heures du Mans. Le modèle de base serait le roadster XK120, dénommé pour l'occasion XK120C (C pour Compétition). Rapidement, cette voiture prit l'appellation de C, ou Type C.
Cette machine ultralégère destinée à la compétition avait un châssis multitubulaire, et le siège passager, inutilisable, n'était en fait qu'une concession au règlement sportif qui imposait des voitures biplaces : 3 voitures furent construites et, à la surprise générale, Walker et Whitehead s'imposèrent à la moyenne de 150,466 km/h, après avoir parcouru 3 611,193 km, devant une Talbot Lago (Meyrat-Mairesse) et une Aston Martin DB2 (Macklin-Thompson). Une petite production de série commença alors et les premières voitures furent livrées en 1952. La plupart furent acquises par des pilotes amateurs en vue d'une utilisation en compétition. Il ne pouvait alors s'agir que de clients réellement passionnés, car les C étaient dotées d'un équipement extrêmement limité : confort spartiate, petit saute-vent en guise de pare-brise, pas de capote et impossibilité d'emporter des bagages.
Dans cette définition routière, la Type C restait une redoutable machine, terriblement efficace, capable de performances de tout premier ordre, exceptionnelles pour l'époque, comme une vitesse maximale de 230 km/h. Les dernières versions, en 1953, étaient encore plus brillantes, avec 220 ch et quatre freins à disque. Cette année-là, les C réussirent un doublé au Mans (Rolt-Hamilton et Moss-Walker) devant une Cunningham (Walters-Fich). Au total, 54 Type C furent produites.

CI-DESSUS : La Type C était la version compétition de la XK120. Si elle en reprenait l'essentiel des composants mécaniques, elle avait un nouveau châssis multitubulaire et une carrosserie aérodynamique en alliage léger.

CI-DESSUS : Avec son excellent châssis, la Type C fut d'emblée une remarquable voiture de course.

CI-DESSOUS : Les roues arrière restent perpendiculaires, une caractéristique commune à la XK120 et à la C.

caractéristiques

Modèle Route 1952
Moteur : six-cylindres en ligne, double arbre
Alésage x course : 83 mm x 106 mm
Cylindrée : 3 442 cm^3
Puissance maximale : 200 puis 220 ch
Transmission : boîte de vitesses manuelle à quatre rapports ; propulsion
Châssis : séparé, structure tubulaire en acier
Suspension : roues avant indépendantes ; essieu arrière rigide, barres de torsion et amortisseurs télescopiques
Freins : quatre tambours
Carrosserie : roadster en aluminium
Vitesse maximale : 230 km/h

1954 1957 JAGUAR TYPE D

La Type D (ou XKD) succéda à la Type C ; déjà, elle préfigurait la future Type E. Après la C, la D reprenait comme base mécanique le moteur de la XK120 ainsi que la suspension avant. Mais nombre de composants avaient été conçus exclusivement pour elle, telle une boîte de vitesses mécanique à quatre rapports synchronisés.

Cette voiture, l'une des plus grandes voitures de course de tous les temps, commença sa carrière, à l'instar de la C, d'une manière éblouissante. Manquant de peu la victoire pour sa première participation aux 24 Heures du Mans en 1954, en terminant très près de la Ferrari 375 SP Plus de Gonzales-Trintignant, elle entama une longue série de succès manceaux en 1955 grâce à Hawthorn-Bueb. Ce même équipage réédita son exploit l'année suivante devant une Aston Martin et une autre D. En 1956, ce fut au tour de Sanderson-Flockhart de s'imposer.

Aussi belle qu'efficace, elle était techniquement en avance sur son temps, avec la monocoque centrale et la structure multitubulaire à l'avant. Comme pour la C, Jaguar produisit la Type D en petite série. Elle devint la coqueluche des riches pilotes amateurs, qui se rendaient sur les circuits à son volant. Les voitures officielles utilisèrent deux types de moteurs : le 3,4-litres ou le 3,8-litres. En 1955 et 1956, ces mêmes machines étaient du type « long nez », les voitures vendues à la clientèle ayant un capot plus court. L'usine utilisa 17 exemplaires de D et en livra 55. La version XKSS destinée à un usage routier connut un triste sort : un incendie ravagea une partie de l'usine de Coventry, où la production était stockée, et seuls 16 exemplaires purent être sauvés.

CI-DESSUS : La très rare Jaguar XKSS, évolution routière de la Type D de compétition.

■ Jaguar XKSS

Version routière avec deux portes, un vrai pare-brise, un pare-chocs et une capote ; 2 Type D de compétition furent reconverties selon cette définition, mais il n'existe que 16 XKSS originales.

caractéristiques

Modèle Route 1955

Moteur : six-cylindres en ligne, double arbre
Alésage x course : 83 mm x 106 mm
Cylindrée : 3 442 cm^3
Puissance maximale : 250 ch
Transmission : boîte de vitesses manuelle à quatre rapports ; propulsion
Châssis : structure tubulaire à l'avant, monocoque centrale en aluminium
Suspension : roues avant indépendantes ; essieu arrière rigide
Freins : quatre disques
Carrosserie : roadster en aluminium
Vitesse maximale : 222 km/h

CI-DESSUS : L'étude aérodynamique de la D est due à Malcolm Sayer. Tout a été conçu afin d'obtenir la meilleure pénétration dans l'air.

CI-DESSOUS : L'aileron arrière derrière le repose-tête n'était pas un effet de style : cette dérive procurait davantage de stabilité à haute vitesse.

1955 1969 JAGUAR 2,4 LITRES ET JAGUAR Mk II

Cette « petite » Jaguar, la première à disposer d'une monocoque, utilisait une version de moindre cylindrée du célèbre moteur XK. Le style, dû à sir William Lyons, était directement dérivé des modèles antérieurs mais avec des formes plus rondes, plus bulbeuses.

A son lancement, animée par le moteur 2,4 litres ne développant que 112 ch, cette voiture n'était pas un foudre de guerre. Elle atteignait tout juste 160 km/h. Si la faible puissance et les quatre freins à tambour l'empêchaient d'avoir toute prétention sportive, en revanche un soin extrême était apporté à la finition et à l'équipement. Cette Jaguar, dite aussi Mk I, prit son véritable essor avec la 3,4 litres de 1957.

Elle disposait enfin du souffle nécessaire, grâce à une motorisation commune aux Mk VIII et XK150. Au total, 37 037 Mk I furent vendues : 19 992 exemplaires de 2,4 litres entre septembre 1955 et septembre 1959, et 17 045 exemplaires de 3,4 litres en seulement deux ans et demi, de mars 1957 à septembre 1959. La seconde marqua le début du succès à l'exportation, avec la moitié de la production écoulée hors du Royaume-Uni.

Avec la Mk II, lancée en 1959, Jaguar corrigea toutes les faiblesses de la première génération et en améliora nettement les aptitudes routières ainsi que l'esthétique. Dotée d'une voie arrière plus large, de quatre freins à disque et de trois motorisations, dont le sensationnel 3,8-litres, la Mk II allait devenir le best-seller de Jaguar pendant toutes les années 60. Les lignes avaient été agréablement modernisées avec, notamment, une surface vitrée plus importante. Et comme le prix de vente était toujours raisonnable compte tenu de l'équipement et des performances, la Mk II connut un grand succès : 91 226 unités produites jusqu'en 1968, y compris les 240 et 340.

■ Jaguar 3,4 litres

Évolution de la 2,4 litres, la 3,4 litres apparue en 1957 se distingue extérieurement par une grille de calandre plus large et des roues arrière partiellement carénées. Le démarrage de la production fut ralenti par l'incendie de l'usine de Coventry.

■ Jaguar 2,4 litres Mk II

Évolution de la Mk II, elle était équipée du moteur six cylindres double arbre de 2 483 cm³ (alésage x course : 83 mm x 76,5 mm) développant 120 ch. Produite jusqu'en 1967, elle fut remplacée par la 240, plus modestement équipée. Ce dernier modèle, vendu pendant deux ans essentiellement en Grande-Bretagne, fut produit à 4 446 exemplaires.

■ Jaguar 3,4 litres Mk II

Autre évolution de la Mk II, disposant de 210 ch grâce au moteur de 3 442 cm³ (83 mm x 106 mm) ; elle connut en fin de carrière la même évolution que la 2,4 litres avec la version 340, mais fut stoppée un an plus tôt (septembre 1968), après la production de 2 800 modèles.

CI-DESSUS : Avec la 2,4 litres de 1955, Jaguar jeta les bases de son modèle le plus produit jusqu'à la fin des années 60, comme cette 240 de 1968.

CI-DESSUS : Il s'agit ici de l'évolution Mk II apparue en 1959. Trois moteurs étaient disponibles : 2,4, 3,4 et 3,8 litres.

caractéristiques

3,8 litres Mk II 1959

Moteur : six-cylindres en ligne, double arbre
Alésage x course : 87 mm x 106 mm
Cylindrée : 3 781 cm³
Puissance maximale : 220 ch
Transmission : boîte de vitesses manuelle à quatre rapports, overdrive en option ou automatique à trois rapports ; propulsion
Châssis : monocoque
Suspension : roues avant indépendantes ; essieu arrière rigide
Freins : quatre tambours
Carrosserie : berline quatre portes
Vitesse maximale : 201 km/h

CI-DESSOUS : Le charme immortel de la 3,8 litres Mk II, la plus vendue de toute la lignée.

1963 1968 JAGUAR TYPE S

L'étape suivante de la lignée Mk I/Mk II fut la Type S, lancée en 1963. Il s'agissait toujours d'une berline monocoque aux lignes plus fluides, avec un compartiment à bagages plus généreux et dotée d'une suspension arrière à roues indépendantes héritée de la Type E. En bien des points, elle ressemble à la grosse berline Mk X 3,8 litres lancée en 1961, dont elle reprend le superbe équipement intérieur. Au niveau du comportement routier, les progrès sont très sensibles puisque le pont arrière rigide a disparu. Avec le recul du temps, il est intéressant de voir l'évolution très cohérente du style Jaguar, la S étant un excellent trait d'union entre la Mk II et les XJ, qui firent leur apparition en 1968 et qui sont toujours d'actualité dans les années 90.

CI-DESSOUS : Par rapport à la Mk II, la Type S avait des formes plus élancées et notamment une partie arrière nettement plus longue.

Jaguar ne proposa que deux motorisations pour la S, le six-cylindres double arbre en version 3,4 litres ou 3,8 litres. Le 2,4-litres aurait incontestablement nui à la réputation d'une voiture dont les qualités routières étaient supérieures à celles des modèles de la génération précédente, même si les performances n'étaient pas en progrès. Parmi les évolutions de la S, on notera l'apparition d'une boîte de vitesses à quatre rapports synchronisés en 1964. Commercialement, la S sera loin d'égaler les scores des Mk I et II : 10 036 modèles 3,4 litres et 15 135 modèles 3,8 litres entre 1963 et 1968.

ÉVOLUTION DE LA S

■ Jaguar 420

Avec la version 420, la Type S se rapproche encore un peu plus de la Mk X (dont la 420 G est une évolution); elle en reprend le moteur de 4 236 cm^3 mais avec seulement deux carburateurs. Dans cette configuration, il développe 245 ch contre 265 pour celui de la Mk X, qui en a trois; l'écart avec le 3,8-litres de la Type S est tout de même de 25 ch. Esthétiquement, la principale différence concerne la face avant, plus plate comme sur la Mk X et réellement annonciatrice de la série XJ; 9 801 exemplaires furent produits avec, là encore, une nette prédominance du marché britannique. Pour mémoire, on rappellera que, comme cela avait été le cas pour la Mk II (mais avec des moteurs différents), cette carrosserie fut également reprise par Daimler qui produisit 5 700 Sovereign assimilables à des 420.

CI-DESSUS : Après la Type E et la grosse berline Mk X, la Type S fut équipée d'une suspension arrière à roues indépendantes.

caractéristiques

3,4 litres 1963
Moteur : six-cylindres en ligne, double arbre
Alésage x course : 83 mm x 106 mm
Cylindrée : 3 442 cm^3
Puissance maximale : 210 ch
Transmission : boîte de vitesses manuelle à quatre rapports, overdrive en option ou automatique à trois rapports; propulsion
Châssis : monocoque
Suspension : roues avant indépendantes avec triangles et barres de torsion; roues arrière indépendantes avec bras, ressorts hélicoïdaux et amortisseurs télescopiques
Freins : quatre disques
Carrosserie : berline quatre portes cinq places en acier
Vitesse maximale : 193 km/h

CI-DESSOUS : Une 420 G.

15
les 2 alpes
3ème JAGUAR DAY 14-16 JUIL

La MK II

En 1954, William Lyons décide la mise en chantier d'une voiture moyenne, économique et surtout réservée au marché britannique. Le choix se porte sur un moteur de 2,4 litres de cylindrée et la carrosserie est auto porteuse, ce qui est une révolution pour une marque habituée au châssis pauvre depuis 1927 ! Mais, à la grande surprise de « Jaguar Cars », la demande européenne est pressante et le succès commercial incite l'usine à augmenter les capacités de fabrication et à proposer, dès 1957, un modèle équipé du 3.4 l XK. Cette nouvelle voiture est également pourvue de freins à disques sur les quatre roues. Les commandes venues des États-Unis vont modifier la stratégie de Jaguar et il est décidé de rajeunir une berline un peu vieillotte. La surface vitrée est augmentée, la voie arrière élargie, l'intérieur modernisé, mais la ligne générale reste la même. La MK II vient de naître. Proposée à la clientèle fin 1952 en trois motorisations (2.4, 3.4 et 3.8 L), elle est saluée par la presse spécialisée comme *The best car in the word.* La plus belle voiture du monde va vite devenir également une tourisme redoutable en course, sur circuit ou en rallye puisqu'elle gagne, entre autres, quatre fois le Tour de France Automobile, pilotée par Bernard Consten : 200 km/h, cinq glaces, cuir, bois.
Tous les ingrédients sont réunis et son succès ne se démentira pas pendant une dizaine d'années, les dernières MK II, appelées 240 et 340, sortant de la chaîne en 1969.

1961 1975 JAGUAR TYPE E

Qui, dans les années 60 et même bien au-delà, n'a jamais caressé le rêve de posséder une Jaguar Type E ? Dès son apparition, ce modèle à nul autre pareil est entré dans la légende de l'automobile. Directement inspirée des modèles de compétition qui brillèrent partout dans le monde et particulièrement au Mans, la Type E, aux lignes inimitables, était vendue à un prix très intéressant : 37 500 F en version cabriolet et 40 700 F en coupé, lors du Salon de Paris en 1963, alors qu'une Porsche Carrera valait 45 000 F, une Chevrolet Corvette 50 200 F, une Facel Vega Facel II 54 000 F et une Ferrari 250 GT 73 500 F.
A l'origine, la Type E devait être l'évolution course de la Type D mais, après le retrait de Jaguar de la compétition, le projet fut transformé en voiture de production et commercialisé à partir de 1961. Techniquement, elle était dérivée de la Type D, avec la monocoque et la structure tubulaire avant supportant le moteur et les suspensions.

Commercialisée simultanément en cabriolet et en coupé, elle était dotée d'une suspension à quatre roues indépendantes, et le moteur six cylindres double arbre de 3,8 litres venait en droite ligne de la XK150S. Les performances étaient de tout premier ordre : 241 km/h en pointe. Pour enthousiasmante qu'elle fût, la Type E n'était pas sans défauts : habitacle exigu, carrosserie vulnérable dans la circulation urbaine, problèmes de refroidissement, freinage et tenue de route moyens.
Tout ceci s'améliora au fil des ans, et le succès commercial atteignit son apogée avec l'excellente version 4,2 litres apparue en 1964, le modèle le plus vendu de tous étant le roadster Série I, de septembre 1964 à septembre 1968 : 9 548 exemplaires.
En tout, ce sont 72 490 Type E qui furent vendues en quatorze ans, dont

Ci-dessus : Dès son lancement, la Type E fut commercialisée en cabriolet ou en coupé. Le moteur commun aux 2 modèles était le 3,8-litres qui équipait auparavant la XK150S. La vitesse maximale atteignait 241 km/h.

Ci-dessous : Le moteur à six cylindres en ligne (culasse Straight Port de Harry Weslake et trois Weber) photographié ici dans une Lightweight, était accouplé à une boîte de vitesses mécanique Moss à quatre vitesses sans overdrive.

Ci-dessus : Sous tous les angles, la Jaguar Type E est impressionnante. Sa ligne rappelle incontestablement celle des modèles de compétition antérieurs, et plus spécialement l'extraordinaire Type D. Le panneau arrière s'ouvrait de la droite vers la gauche.

Ci-dessous : Les modèles de compétition Lightweight furent introduits en 1963. Leur palmarès ne fut pas à la hauteur des ambitions de l'usine. Quoi qu'il en soit, il s'agissait de modèles ultrarapides capables d'accélérations saisissantes : de 0 à 160 km/h en 10,8 secondes.

caractéristiques

Modèle 3,8 litres 1961
Moteur : six-cylindres en ligne double arbre
Alésage x course : 87 mm x 106 mm
Cylindrée : 3 781 cm^3
Puissance maximale : 265 ch
Transmission : boîte de vitesses manuelle à quatre rapports ; propulsion
Châssis : monocoque et structure tubulaire avant
Suspension : quatre roues indépendantes ; avant : triangles et barres de torsion; arrière : bras supérieurs et inférieurs, ressorts hélicoïdaux et quatre amortisseurs télescopiques
Freins : quatre disques
Carrosserie : coupé ou cabriolet en acier
Vitesse maximale : 241 km/h

une immense majorité à l'exportation et surtout aux États-Unis.

■ Jaguar Type E 4,2 litres

Elle remplaça la 3,8 litres en 1964 et reçut une boîte de vitesses entièrement synchronisée (la transmission automatique étant optionnelle). Le moteur de 4,2 litres développait 265 ch. La version coupé 2+2 fut lancée en 1966 (empattement supérieur de 22,8 cm).

■ Jaguar Type E Série II

Lancée en 1968, animée par le moteur 4,2 litres et produite en roadster, 2+2 et coupé. Elle subit quelques modifications extérieures dictées par la réglementation américaine.

■ Jaguar Type E Série III

Remplacement du légendaire six-cylindres XK par un V12 en alliage de 5,3 litres. Afin de loger ce bloc plus volumineux, le capot fut agrandi, tout comme la prise d'air avant. Les roues et les pneus suivirent la même évolution. Les freins à disque avant étaient ventilés et l'empattement porté à 2,66 m. La production du coupé fut interrompue en 1973 et celle du roadster en 1975. Il n'y eut pas de version 2+2 avec le V12.

CI-DESSUS : Les modèles de la Série II furent commercialisés en cabriolet et en coupé 2+2. Animés par un moteur de 4,2 litres de cylindrée, ils se distinguent des premières versions par de nouveaux pare-chocs plus importants et des blocs optiques avant et arrière.

CI-DESSOUS : La Type E à moteur V12 a une plus grande grille de calandre, et des pneus et roues plus volumineux.

CI-DESSOUS : La Série III, propulsée par le moteur V12 en alliage de 5,3 litres, débuta en avril 1971. L'empattement avait été porté à 2,66 m.

1961 1970 JAGUAR Mk X

La longue série entamée avec la Mark VII puis poursuivie avec ses dérivées (Mk VII M, Mk VIII et Mk IX) prit fin en 1961 avec l'apparition de la Mark X. Si la logique numérique était respectée, on assistait en revanche à une rupture technique totale, avec le passage du châssis séparé à la carrosserie monocoque et aux quatre roues indépendantes. Cette imposante berline s'alignait totalement sur la toute nouvelle Type E grâce au moteur XK, le 3,8-litres, développant 265 ch et permettant de dépasser les 190 km/h. L'empattement de 3,048 m était identique à celui de la Mk IX, mais la longueur était portée à 5,13 m, la largeur à 1,93 m et le poids à 1 902 kg.

En 1964, comme sur la Type E, le 3,8-litres fut remplacé par le 4,2-litres. Cela ne modifia pas la vitesse de pointe mais permit de gagner en souplesse d'utilisation.

Compte tenu de son standing, sa diffusion fut relativement modeste (12 977 versions 3,8 litres et 5 680 versions 4,2 litres); mais elle survécut pendant deux ans à la nouvelle XJ6 sous la forme 420G (6 554 exemplaires).

■ Jaguar 420G

Succédant à la Mk X en 1966, elle fut produite jusqu'en 1970. Retouches esthétiques et moteur 4,2 litres avec seulement deux carburateurs au lieu de trois : 245 ch contre 265.

caractéristiques

Modèle 4,2 litres 1964
Moteur : six-cylindres en ligne, double arbre
Alésage x course : 92,07 mm x 106 mm
Cylindrée : 4 235 cm^3
Puissance maximale : 265 ch
Transmission : boîte de vitesses manuelle à quatre rapports (overdrive en option) ou automatique à trois rapports; propulsion
Châssis : monocoque
Suspension : quatre roues indépendantes
Freins : quatre disques
Carrosserie : berline quatre portes
Vitesse maximale : 193 km/h

Ci-dessus : Avec 5,13 m de long, la MK X était plus une limousine qu'une berline. Cela limita naturellement sa diffusion. Elle était dotée de quatre phares intégrés à l'avant et d'une ceinture de caisse élevée.

Ci-dessous : Un extrême raffinement qui, conjointement aux qualités techniques, contribua également à la réputation de Jaguar : bois et cuir conféraient à la Mark X une atmosphère exclusive.

Ci-dessus : Le célèbre six-cylindres en ligne double arbre hérité de la XK. Dans la version 4,2 litres, il développait 265 ch.

Ci-dessous : La Mark X possédait un excellent niveau de confort et de performances; elle existait également en version limousine.

1968
1986

JAGUAR XJ6

Au milieu des années 60, du fait de la multiplication des évolutions des divers modèles, la gamme des berlines était devenue compliquée. En 1966, Jaguar produisait la Mk II (3,4 et 3,8 litres), la Mk X 4,2 litres puis la 420 G, la S (3,4 et 3,8 litres) et la 420. La XJ6, dernière voiture conçue par Jaguar avant le grand bouleversement industriel des années 70, permit de clarifier la situation à partir de septembre 1968, au Salon de Paris. L'inspiration esthétique, puisée dans les 420/420G, apporte incontestablement un souffle de modernité. Si, techniquement, la nouvelle XJ6 doit également beaucoup à ses devancières, elle utilise toutefois une direction à crémaillère, une première chez Jaguar. Le moteur, lui aussi directement emprunté aux 420, est le six-cylindres en ligne double arbre de 4 236 cm^3 développant 245 ch. Mais une toute nouvelle évolution fait son apparition : un six-cylindres de seulement 2,8 litres (2 792 cm^3 exactement) délivrant 180 ch. Un moteur V8 fut développé, qui ne fut jamais produit en série. En dix-huit ans, jusqu'à l'apparition d'une nouvelle génération, la XJ6, y compris les modèles plus luxueux badgés Daimler et les versions coupés, fut produite à 349 352 exemplaires.

ÉVOLUTIONS DE LA XJ6

■ Jaguar XJ6 2,8 litres

Ce modèle disposait d'une version supercarrée du six-cylindres double arbre, avec un alésage de 83 mm et une course de 86 mm.

CI-DESSUS : La XJ6 est une voiture d'une élégance rare, raffinée, parfaitement équilibrée. Elle supporte facilement la comparaison avec des modèles prestigieux.

■ Jaguar XJ6 Série II

Une évolution de la gamme, connue sous le nom de Série II, apparut en 1973. Elle marquait l'abandon de la version 2,8 litres et l'adoption, pour deux ans, d'un 3,4-litres développant 161 ch.
A partir de 1974, toutes les XJ6 furent produites avec l'empattement long jusqu'alors réservé aux 4,2 litres.

■ Jaguar XJ6 Série III

La Série III de 1979 apporte de nouvelles modifications, avec de nombreuses retouches esthétiques ainsi qu'une amélioration de la finition et de l'équipement pourtant déjà fort riche. Apparition de l'injection sur le moteur 4,2 litres (205 ch) et d'une nouvelle boîte de vitesses à cinq rapports. La Série III fut produite jusqu'en 1986 avant d'être remplacée par une nouvelle génération de XJ6.

caractéristiques

Modèle 4,2 litres 1968
Moteur : six-cylindres, double arbre
Alésage x course : 92,07 mm x 106 mm
Cylindrée : 4 235 cm^3
Puissance maximale : 245 ch
Transmission : boîte de vitesses manuelle à quatre rapports (overdrive en option) ou automatique à trois rapports ; propulsion
Châssis : monocoque
Suspension : quatre roues indépendantes
Freins : quatre disques
Carrosserie : berline quatre portes cinq places en acier
Vitesse maximale : 200 km/h

CI-DESSOUS : En dix-huit années de production, la XJ6, toutes versions confondues, fut produite à 349 352 unités, y compris les modèles vendus sous le label Daimler. Les roues à rayons montées sur ce modèle ne figuraient pas au catalogue officiel des options.

1972 1993 JAGUAR XJ12

Le moteur V12 de 5 343 cm³ avec un arbre à cames en tête par rangée de cylindres fut développé d'après un six-cylindres double arbre de compétition. Cette mécanique fit son apparition sur la Type E Série III et fut utilisée par la suite sur la XJ12 lancée en 1972, puis sur d'autres modèles tel le coupé XJS de 1975. Il s'agissait, ni plus ni moins, d'une carrosserie de XJ6 motorisée par le plus noble des moteurs, un V12, exclusivement accouplé à une boîte de vitesses automatique.

Lancé au plus fort de la crise du pétrole, ce modèle de prestige eut des débuts difficiles ; il est vrai qu'avec une consommation moyenne de 25 l/100 km, sa carrière fut compromise. Seuls 3 235 modèles furent vendus jusqu'en août 1973, dont 753 sur châssis long. La XJ12 suivit les évolutions esthétiques de la XJ6 et connut donc des Séries II et III. Mais, à l'inverse de la XJ6, devenue XJ40, la XJ12 Série III perdura jusqu'au Salon de Genève en 1993 avec l'apparition d'un nouveau moteur de 6 litres. La Jaguar XJ12 fut toujours doublée d'une Daimler équivalente baptisée Double Six, à la finition d'un extrême raffinement.

Ci-dessus : Comment ne pas penser à une petite Rolls-Royce en voyant la XJ12 ? D'une présentation et d'un équipement exempts de toute critique, elle était également rapide : 222 km/h. Le V12 qui l'équipait provenait de la Type E Série III.

Jaguar XJ12 Série II

En 1973, comme la XJ6, la XJ12 entama sa Série II qui bénéficia de quelques retouches esthétiques. La version à empattement long se généralise en 1974 sur les versions quatre portes alors que, comme pour la XJ6, une version deux portes apparaît entre 1973 et 1977. Elles sont respectivement appelées XJ6C (2 606 unités produites) et XJ12C (873). Cette dualité se répercute également sur les modèles Daimler (408). L'adoption de l'injection fait passer la puissance à 285 ch.

Jaguar XJ12 Série III

Nouvelle évolution sortie en 1979, en même temps que celle de la XJ6. Importante modification d'ordre mécanique en 1981 avec le moteur HE (High Efficiency), doté d'une nouvelle culasse et de nouveaux pistons permettant d'obtenir un bien meilleur rendement et donc d'abaisser sensiblement la consommation.

Ci-dessus : La XJ12 était en fait une XJ6 dotée d'un moteur différent, disponible uniquement avec une boîte automatique.

Ci-dessous : La XJ12 version Daimler porte le nom d'une célèbre voiture d'avant guerre de la marque, Double Six.

caractéristiques

Modèle 5,3 litres 1972
Moteur : V12, 1 ACT par banc de cylindres
Alésage x course : 90 mm x 70 mm
Cylindrée : 5 343 cm³
Puissance maximale : 253 ch
Transmission : boîte de vitesses automatique à trois rapports ; propulsion
Châssis : monocoque
Suspension : quatre roues indépendantes ; avant : triangles et ressorts hélicoïdaux ; arrière : jambes de poussée, ressorts hélicoïdaux et amortisseurs télescopiques
Freins : quatre disques
Carrosserie : berline quatre portes
Vitesse maximale : 222 km/h

1975 1977 JAGUAR XJ6 ET XJ12 COUPÉ

Ci-dessus : Jaguar engagea la XJ12C dans le Championnat d'Europe des Voitures de tourisme. Ces grosses machines extrêmement puissantes (jusqu'à 560 ch) étaient très rapides, mais souffrirent de graves problèmes de freins et de surchauffe du moteur.

Les Jaguar XJ-C, équipées tant du six-cylindres en ligne que du V12, furent des modèles éphémères. La principale modification était naturellement la définition deux portes sans pilier central, avec le toit s'inclinant doucement pour offrir un « style » coupé plutôt qu'un véritable coupé, avec un pavillon recouvert de simili noir. Par rapport aux berlines, ces modèles étaient moins spacieux et perdaient de l'espace habitable à l'arrière. Avec une cinétique complexe, la petite vitre latérale arrière basculait totalement. Les XJ-C étaient réalisées avec le châssis standard XJ et commercialisés également en finition Daimler.

Sur le plan mécanique, les coupés XJ6 et XJ12 étaient strictement identiques à leurs homologues berlines. Le premier recevait le 4,2-litres et le second le 5,3-litres qui, avec le système d'injection, revendiquait 299 ch. Plus chères et d'un usage plus limité que les berlines (moins d'espace intérieur), les XJ Coupés furent un échec commercial ; elles ont néanmoins le privilège d'occuper une place de choix dans le cœur des amateurs de Jaguar.

Ce modèle, en version V12, fut choisi par Jaguar pour disputer le Championnat d'Europe des Voitures de tourisme, une compétition sur circuit alors très disputée. Le préparateur Broadspeed, lié à British Leyland, fut chargé du développement de ces voitures pour la compétition. Les modifications furent nombreuses bien que restreintes extérieurement, sauf au niveau des roues et des pneus, compte tenu de la puissance à passer sur la piste.

Lors de leur apparition, les Jaguar firent sensation : elles étaient imposantes et ultrarapides. La XJ-C avait été allégée au maximum réglementaire et l'arceau de sécurité obligatoire renforçait l'ensemble. Les roues Speedline de 19 pouces, protégées par des arches en fibre de verre, supportaient des pneus Dunlop spéciaux. Moins lourde qu'elle ne le semblait visuellement, cette Jaguar imposait cependant un mauvais traitement à ses freins. En dépit du montage de doubles étriers et de disques ventilés à l'avant, stopper cette voiture constitua toujours un exercice périlleux, d'autant plus que les freins arrière, accolés à la transmission, endommageaient fréquemment cette dernière. L'un de ses pilotes, le très expérimenté Derek Bell, se souvient : « A un moment ou à un autre, chaque pilote a perdu une roue. Cela m'est arrivé pendant des essais ! »

Les soucis, déjà conséquents, ne se limitèrent pas au freinage. Le gros moteur, dont la cylindrée avait été portée à 5 410 cm^3, souffrait de problèmes de surchauffe et de déjaugeage dans les courbes rapides.

En 1976, le bilan se solda par 6 pole positions, une deuxième place au Nürburgring grâce à Derek Bell et Andy Rouse, mais malheureusement pas le titre européen escompté. Ultérieurement, avec Tom Walkinshaw, Jaguar allait retrouver le chemin de la victoire grâce au coupé XJS puis, surtout, en Sport-Prototypes, dans la plus pure tradition maison.

caractéristiques

XJ12 1975

Moteur : V12, 2 ACT
Alésage x course : 90 mm x 70 mm
Cylindrée : 5 343 cm^3
Puissance maximale : 253 ch
Transmission : boîte de vitesses automatique à trois rapports ; propulsion
Châssis : monocoque
Suspension : quatre roues indépendantes
Freins : quatre disques
Carrosserie : coupé deux portes en acier
Vitesse maximale : 225 km/h

Ci-dessous : Cette élégante déclinaison de la berline fut vendue sous les badges Jaguar et Daimler ; commercialement, ce ne fut pas une réussite.

1975 ...

JAGUAR XJ-S

CI-CONTRE : La Jaguar XJ-S avait pour vocation de remplacer la Type E. Elle était plus large et plus lourde et, surtout, avait un caractère plus GT que sportif. Depuis son lancement, elle a subi de nombreuses évolutions.

A défaut d'avoir fait oublier la Type E à laquelle elle succéda en 1975, la XJ-S a eu le mérite d'être l'une des rares représentantes d'une catégorie de voitures marginales. N'ayant jamais eu le tempérament de la E, elle s'est, d'emblée, positionnée comme une voiture de Grand Tourisme. Ce modèle, un coupé 2+2, fut construit sur le châssis de la XJ12, avec un empattement raccourci : 2,590 m contre 2,844 m. Il utilisait la version à injection du V12.
Son style ne fit pas l'unanimité, notamment dans sa partie latérale arrière, mais il s'affina au fil des ans. Comme pour la XJ12, la sobriété n'était pas son point fort mais la situation évolua favorablement avec le lancement de la version HE en 1981, plus performante et moins gourmande. L'apparition d'une version six cylindres et surtout du cabriolet, en 1985, donna un coup de fouet à la très longue carrière de ce qui est devenu un grand classique. La tendance se confirma en 1988 lorsque le cabriolet, qui utilisait jusqu'alors la définition Targa, c'est-à-dire avec un arceau, fut remplacé par un « vrai » cabriolet, sans cet arceau.

La carrosserie, à nouveau modifiée en 1991, est toujours d'actualité. Pour le millésime 1994, le coupé n'a subi que peu d'évolutions. En revanche, le nouveau cabriolet 2+2, équipé, comme le coupé, soit du moteur six cylindres de 4 litres, soit du douze-cylindres de 6 litres, est toujours très compétitif.

■ Jaguar XJ-S HE

Cette version apparut en 1981. Le moteur développait 299 ch et avait fait d'énormes progrès sur le plan du rendement énergétique. C'est avec ce V12 modernisé que fut lancée en 1985 la version décapotable, laquelle fut remplacée par un cabriolet en 1988.

■ Jaguar XJ-S 3,6 litres

A partir de 1983, Jaguar commercialisa la XJ-S, d'abord en coupé puis en cabriolet, avec un nouveau moteur six cylindres double arbre de 3 590 cm^3 (alésage x course : 91 mm x 92 mm) développant 228 ch. Il était associé, au choix, à une boîte de vitesses manuelle à cinq rapports ou automatique à quatre rapports. La vitesse de pointe était de 227 km/h.

■ JaguarSport XJR-S

Version très sportive, dotée d'une suspension affermie et de divers appendices aérodynamiques, comme un aileron arrière. En 1992, le V12 de la XJR-S était le 6-litres de 333 ch, adopté depuis par les versions standards avec une puissance légèrement inférieure : 318 ch.

caractéristiques

XJ-S 1975
Moteur : V12, 2 ACT
Alésage x course : 90 mm x 70 mm
Cylindrée : 5 343 cm^3
Puissance maximale : 285 ch
Transmission : boîte de vitesses manuelle à quatre rapports ou automatique à trois rapports ; propulsion
Châssis : monocoque
Suspension : quatre roues indépendantes
Freins : quatre disques
Carrosserie : coupé deux portes, quatre places en acier
Vitesse maximale : 246 km/h

CI-DESSUS : Le coupé XJ-S revu et corrigé par JaguarSport devint la XJR-S, avec un aileron arrière destiné à renforcer l'appui. La cylindrée du V12 fut portée à 6 litres ; ce moteur développait 333 ch.

CI-DESSOUS : En 1991, le style du coupé fut totalement redessiné, avec une nouvelle découpe des vitres latérales et une nouvelle partie arrière. La XJR-S (notre photo) misa sur la performance.

1992 1994 JAGUAR XJ220

En 1994, Jaguar mettra un terme à la production de la XJ220. Non pas en raison de difficultés de vente, bien au contraire : la marque anglaise était sûre de pouvoir écouler sans problème au moins quatre fois plus de modèles que les 350 exemplaires fixés, dont il n'était prévu, à l'origine, que 220 – d'où l'appellation XJ220. Mais Jaguar, désirant vendre une voiture exclusive, ne passera pas le cap de 350 afin de ne pas dénaturer l'esprit de la XJ220.
La version qui a été vendue au compte-gouttes est sensiblement différente de celle qui fut présentée au Salon de Birmingham en 1988. Ce premier modèle d'exposition était équipé d'un moteur V12 et d'une transmission intégrale, alors que la version destinée à la clientèle, classique propulsion avec un empattement plus court, dispose d'un V6 avec double turbo dérivé de la mécanique de compétition. Néanmoins, la XJ220 est l'un des grands monstres sacrés des années 90, avec une ligne absolument sublime, une finition et une présentation magnifiques, et des performances ahurissantes : plus de 340 km/h ! Avec de telles performances, la Jaguar XJ220 est l'un des membres les plus éminents d'un club extrêmement fermé.
Afin de produire la XJ220 dans des conditions idéales, Jaguar s'est associé avec celui qui mena ses voitures au triomphe dans les 24 Heures du Mans et dans le Championnat du monde des Sport-Prototypes, l'Écossais Tom Walkinshaw. Dans le cadre de JaguarSport, ils ont réalisé une unité hautement spécialisée en Angleterre. Les commandes honorées, avec une importante caution préalable, le furent après un examen minutieux. Seuls de fidèles et richissimes clients de la marque furent servis. La XJ220 leur a coûté très cher (environ 3,5 millions de francs) mais ils ne le regrettent pas. En raison des difficultés d'homologation, la XJ220 n'a pas été officiellement distribuée aux États-Unis alors qu'une trentaine d'exemplaires ont été vendus en France.

Ci-dessus : La Jaguar XJ220 est l'une des grandes réussites de la fin des années 80, au point que, lorsqu'elle fut présentée au Salon de Birmingham en 1988, Jaguar reçut 1 200 commandes. La production, initialement limitée à 220 exemplaires, fut portée à 350 entre 1992 et 1994.

Ci-dessus : Élégance, raffinement, impression de puissance sans agressivité, la XJ220 est une pure merveille.

Ci-dessous : Par rapport au modèle 1988, le châssis a été raccourci et la transmission intégrale abandonnée.

caractéristiques

Modèle 1993
Moteur : V6, 4 ACT
Alésage x course : 94 mm x 84 mm
Cylindrée : 3 498 cm^3
Puissance maximale : 500 ch
Transmission : boîte de vitesses manuelle à cinq rapports ; propulsion
Châssis : monocoque en aluminium et matériaux composites
Suspension : roues indépendantes
Freins : quatre disques
Carrosserie : coupé deux places en aluminium
Vitesse maximale : 341 km/h

l'XK 8

Attendue avec impatience par les amateurs de la marque, l'XK 8 se sera fait attendre... plus de vingt ans. En effet, dès l'arrêt de la production des Type E, une Arlésienne Type F fut annoncée.

Mais ce sera finalement l'XJS qui sera proposée aux Jaguaristes. Trop américaine pour certains, pas assez sportive pour d'autres, et malgré une belle carrière commerciale, l'XJS n'a jamais été considérée comme la descendante directe des Type E. Nous pouvons donc espérer que cette nouvelle Jaguar, qui reprend le fameux sigle XK, contentera tous les amateurs.
Équipée d'un moteur V8 fabriqué par Jaguar – une première pour l'usine, après les fameux 6 cylindres en ligne et le V 12 –, elle a été présentée au Salon de Genève et à celui de New York au début de l'année 96. Distribuée en Europe à la fin de cette même année, on pourra l'admirer sur les routes de France, que ce soit en coupé ou en cabriolet.

CRÉDITS PHOTOGRAPHIQUES

Photo de couverture : Philippe Exbrayat, photographe.
pp. 10-11, 14-15, 20-21, 130-131, 142-143, 152-153 : collection Roland Urban.
p. 12 : Philippe Exbrayat, photographe.